国家社会科学基金资助项目（项目批准号：13CSH051）

The Publicity of

Social Organizations and
the Role of State

社会组织公共性
与政府角色

唐文玉 著

社会科学文献出版社
SOCIAL SCIENCES ACADEMIC PRESS (CHINA)

目录
CONTENTS

导　论

一　研究背景

伴随着改革开放的进程，中国发生了快速而深刻的社会变革，产生了各种各样的社会问题，存在深层而复杂的社会风险，影响到了中国持续、健康而有活力的发展，于是中国日益走进了一个重视社会建设的时代。自党的十六届四中全会以来，中国共产党愈益重视推进社会建设，而社会建设必须面对的根本性论题就是"公共性"。[①] 当代中国社会建设需要以发展公共性为基本目标，以抵御社会自我主义对于社会活力与秩序的损害，满足社会的公共需求，促进当代中国的社会团结，实现社会既充满活力又和谐有序。事实上，不仅是在当代中国，自古以来人类社会的发展过程都是不断追逐公共性的过程。人类基于交流与合作的需要，习惯于以群体的形式而生存和生活。就像荀子所说："人，力不若牛，走不若马，而牛马为用，何也？曰：人能群，彼不能群也。"[②] 群体是人类基本的生存和生活方式，而公共性恰恰是发生于群体之中的，离开了群体也就无所谓公共性。所以，公共性自古就是人类社会所面对和追寻的问题。费孝通依据社会结构的不同，把人类社会的群

[①] 参见李友梅等《当代中国社会建设的公共性困境及其超越》，《中国社会科学》2012年第4期。

[②] 《荀子·王制篇第九》。

体划分为两种基本类型：一种是由团体格局中所形成的社群，另一种则是由差序格局中所形成的社群。西方社会偏胜于团体格局，中国社会偏胜于差序格局。① 而差序格局恰恰就是一种社会自我主义的文化，它不利于公共性的发展，长期以来导致了中国公共性的狭隘性和脆弱性。为此，有学者强调，对于当代中国社会建设而言，公共性是个大问题。②

而社会建设中公共性的发展，需要推进当代中国公共性结构形态从以往由政府③或者说国家单一主体建构公共性的"旧公共性"形态向多元主体共同建构公共性的"新公共性"形态转型，这就凸显了社会组织公共性生长的问题。本书所述的社会组织公共性，是从公共性建构主体的角度来理解的，关注的是社会组织作为主体而建构公共性的功能问题，可以通俗而简单地界定为社会组织成员通过组织化的行动所体现出来的"为大家好"的性质。在此所述的"大家"是一个超家庭的具有伸缩性的群体概念，可以小到互益性的小规模团体，亦可以扩展到社区、城市、国家乃至整个人类社会。社会组织公共性生长是"新公共性"构建的重要内容。20世纪90年代以来，东亚掀起的以"新公共性"构建为主题的社会思潮，其内容主要就聚焦在慈善公益、公民志愿行动、社会共同体重建等社会"第三域"的建设上。④ 而社会组织公共性生长，意味着不同于国家形态的社会形态的公共性⑤的生长。因此，国家与社会之间是否能形成适宜于现代化发展的良性关系，是影响社会组织公共性生长的深层次结构性因素。在当代中国，由于受到长期以来权威主义和国家主义的影响，政府是形塑良好的国家与

① 参见费孝通《乡土中国 生育制度》，北京大学出版社，1998，第37页。
② 参见李强《社会建设，公共性是个大问题》，2011年2月21日《北京日报》。
③ 本书所述的"政府"，是一个作为国家政权系统的"大政府"概念，相当于"国家与社会"研究范式中的"国家"（state）概念。本书在叙述过程中，基于不同的语境交替使用了"政府"和"国家"这两个概念。
④ 参见田毅鹏《"活私开公"：东亚志愿主义发展的新路径》，《南开学报》（哲学社会科学版）2013年第3期。
⑤ 依据哈贝马斯的观点，公共性本身表现为与私人领域相分别的公共领域，而公共领域既包括以公共权力机关为承载主体的公共权力领域，又包括介于私人领域和公共权力领域之间的由私人组成的公共领域，前者事实上就是国家形态的公共性表现，而后者则是社会形态的公共性表现。参见〔德〕哈贝马斯《公共领域的结构转型》，曹卫东等译，学林出版社，1999，第1~67页。

社会之间关系的主导性力量，而社会则相对而言处于一种比较弱而小的状态，因而社会组织公共性的良性生长关键取决于基于政府权力的政府角色的合理性定位。为此，本书基于当代中国社会组织公共性生长的时代价值，针对当代中国社会组织公共性生长的现实状况，着重探讨政府权力对社会组织公共性生长的影响，以及当代中国社会组织公共性生长中政府权力进一步调适的基本方向和路径选择。

二 文献综述

当代中国日益走进了一个重视社会建设的时代，社会建设对于公共性的呼唤，使得社会形态的公共性问题逐渐成为学者们关注的重要论题。郑杭生认为，新型公共性催生了一种能够改变现代社会结构的领域，即不同于传统公共权力领域的公共领域，能够在市场和政府都无法有效配置资源的地方承担起有效的角色功能以及在制度创新和社会治道变革中起基础性的作用，因而是构建和谐社会的一种重要的调节手段和基础保证。[①] 田毅鹏指出，伴随着中国"单位社会"走向终结的进程，原来由国家、单位承载的公共性逐渐让渡给了真正意义上的"社会"，从而使得新公共性的概念与中国政府提出的"社会建设"的概念紧密地联系在一起，成为焦点问题。[②] 李强直接指出，公共性是当代中国社会建设需要面对的大问题。[③] 李友梅等学者认为，公共性既是当代中国社会建设的重要目标，又是其支撑性条件之一，近年来的民主制度建设和促进社会组织发育等政策的实施对于当代中国公共性发展产生了明显的积极效果，但公共性依然是当下中国社会建设面临的主要瓶颈。[④] 张江华则认为，中国社会的公共性供给在相当大的程度上依赖并取决于处于"差序格局"中心的某个个体或某一批个体的道德

---

① 参见郑杭生《社会和谐与公共性》，《中国特色社会主义研究》2005 年第 1 期。
② 参见田毅鹏《东亚"新公共性"的构建及其限制——以中日两国为中心》，《吉林大学社会科学学报》2005 年第 6 期。
③ 参见李强《社会建设，公共性是个大问题》，《北京日报》2011 年 2 月 21 日。
④ 参见李友梅等《当代中国社会建设的公共性困境及其超越》，《中国社会科学》2012 年第 4 期。

性，他还比较悲观地指出，中国当代"差序格局"社会结构的延续和个体道德性的衰退使得人们所期望的社会现代转型仍是一个遥不可及的梦。①

由此可见，学者们的研究已经关注到了当代中国多元形态的"新公共性"构建问题，并不同程度地涉及了社会组织公共性生长的问题。但是，从目前来看，学术界还缺少专门针对社会组织公共性的研究。在仅有的为数不多的专门性研究文献中，吕方、郑南、夏循祥关注到了社会组织作为"新公共性"构建的重要承载主体的角色，并阐述了其对于当代中国公共性建设的重要价值。② 汪锦军从垄断性、强制性、灵活性、契约、目标导向、资源来源6个方面对政府公共性与社会组织公共性进行了比较，并从合作、冲突、分立三个方面，对这两种组织公共性的相互关系进行了概括。③ 潘修华、陆明远、于水等学者关注到了当代中国社会组织公共性存在的不足，并分析了之所以存在不足的原因，提出了克服和解决这些问题的具体对策建议。④ 总而言之，当前学术界关于中国公共性的研究，要么主要针对的是政府公共性，要么侧重的是一种公共哲学层面的宏大叙事，专门针对社会组织公共性的研究文献还非常少。而仅有的为数不多的专门性研究文献，对社会组织公共性还缺乏国家与社会关系层面的系统而深入的梳理、概括和探讨，整体呈现出来的还是一种比较零星化和浅层化的研究现象。

关于政府权力与社会组织公共性生长之间关系比较有深度和价值的探讨，主要集中在有关政府（国家）与社会组织之间关系的讨论中。概括而言，学术界有两种基本论调：一是政府退出论，二是政府介入论。政府退

---

① 参见张江华《卡里斯玛、公共性与中国社会——有关"差序格局"的再思考》，《社会》2010 年第 5 期。

② 参见吕方《再造乡土团结：农村社会组织发展与"新公共性"》，《南开学报》（哲学社会科学版）2013 年第 3 期；郑南《东北草根组织的发展与地域社会建设——以日本"新公共性理论"为参照》，《学习与探索》2015 年第 9 期；夏循祥《社会组织中公共性的转型——以广东省坑尾村家族组织为例》，《思想战线》2014 年第 6 期。

③ 参见汪锦军《政府与非政府组织：公共性之比较》，《浙江学刊》2004 年第 6 期。

④ 参见潘修华《当代中国社会组织"公共性"不强的原因及改变对策》，《理论与改革》2008 年第 4 期；陆明远《公益与效率：中国社会组织发展的公共性研究》，《中国行政管理学会 2008 年哲学年会论文集》2008 年；于水、杨华锋《公共性视角下我国非营利组织行为异化问题研究》，《江汉论坛》2008 年第 12 期。

出论认为，政府与社会组织之间是一种零和博弈的关系，社会组织公共性
生长意味着独立于政府的公共空间生长，因而面对社会组织公共性生长，
政府的理性选择是退出，以释放或让渡社会组织公共性生长的空间。政府
退出论主要是基于对中国政府与社会组织关系的自由多元主义市民社会
（civil society）理论模式的理解，认为政府与社会组织之间是一种竞争性甚
至是对抗性的关系，强调社会组织相对独立和自主于政府的性质以及社会
组织监督或约束政府权力的民主价值。① 显然，政府退出论看到的是政府权
力对社会组织公共性生长的消极影响，而忽视了政府权力对社会组织公共
性生长的积极影响，这很难解释当前中国存在的一种比较常见的现象，亦
即政府介入和社会组织公共性生长的共融共存现象。②

　　与政府退出论不同，政府介入论强调政府与社会组织之间的融合发展关
系，认为政府介入对于社会组织公共性生长可以起到积极的促进作用。尤其
是在当代中国的现实情境下，政府掌握了丰富的资源且缺少非宗族基础社会
结社的传统，如果政府能运用这些资源对社会的组织化行动予以支持和引导，
就能更好地促进社会组织公共性生长，因此他们主张政府介入以及政府与社
会组织之间的相互增权、协同共进。政府介入论的理论基础主要有两种：一
种是法团主义（corporatism）。法团主义论者倾向于认为政府与社会组织之间
是一种制度化的共识与合作关系，尤其是强调功能性组织利益代表的垄断性

---

① 这方面的研究文献有：T. B. Gold, "The Resurgence of Civil Society in China," *Journal of Democracy*, Vol. 1, No. 1, 1990, pp. 18 – 31; F. Jr. Wakeman, "The Civil Society and Public Sphere Debate: Western Reflections on Chinese Political Culture," *Modern China*, Vol. 19, No. 2, 1993, pp. 108 – 138; G. White, J. A. Howell & X. Shang, *In Search of Civil Society: Market Reform and Social Change in Contemporary China*, Clarendon Press, 1996; B. He, *The Democratic Implications of Civil Society in China*, New St. Martin's Press, 1997; B. M. Frolic, "State-Led Civil Society," In T. Brook and B. T. Frolic, eds., *Civil Society in China*, M. E. Sharpe, 1997, pp. 20 – 46; P. Ho & R. L. Edmonds, *China's Embedded Activism*, *Opportunities and Constraints of a Social Movement*, Routledge, 2008。

② 比如，赵秀梅的研究发现：一方面国家权力继续往基层社区延伸，基层政权建设不断被强化；另一方面，社会自治力量的活动空间没有萎缩，而是有了一定的拓展。参见赵秀梅《基层治理中的国家—社会关系——对一个参与社区公共服务的 NGO 的考察》，《开放时代》2008 年第 4 期。笔者基于对 J 街道的案例研究，也发现政府介入与社会组织公共性生长的并存现象。参见唐文玉《国家介入与社会组织公共性生长——基于 J 街道的经验分析》，《学习与实践》2011 年第 4 期。

地位以及与之相伴随的政府对其所施加的控制。[①] 另一种是组织模式。组织模式论者倾向于认为政府与社会组织之间存在一种资源相互依赖的关系，政府与社会组织可以通过合作互动的方式实现资源的相互交换和协同性的发展。[②] 政府介入论看到了政府权力对社会组织公共性生长的积极影响，同时相对于政府退出论而言更能获得中国现实经验的支持。但是，需要指出的是，政府权力对于社会组织公共性生长的影响是双重的，我们既要重视其积极影响，也不能忽视更不能否定其消极影响。因此，简单的政府介入与简单的政府退出一样，对于当代中国社会组织公共性生长而言都不是合理的选择。事实上，面对当代中国社会组织公共性生长，政府退出和政府介入都是必要的，政府权力进一步调适的关键是要基于控制和支持两个维度进行更为系统化和具体化的研究。当然，当前学术界很多研究涉及了政府对社会组织的权力控制和权力支持的具体层面，比如社会组织管理体制和方式的改革和创新、政府购买社会组织服务、社会组织财税政策支持等等[③]，但是这些

---

① 这方面的研究文献有：张静《法团主义》，中国社会科学出版社，2005；J. Unger & A. Chan, "China, Corporatism, and the East Asian Model," *The Australian Journal of Chinese Affairs*, No. 33, 1995, pp. 29 – 53；M. M. Pearson, "The Janus Face of Business Associations in China: Socialist Corporatism in Foreign Enterprises," *The Australian Journal of Chinese Affairs*, No. 31, 1994, pp. 25 – 46；B. J. Dickson, "Co-optation and Corporatism in China: The Logic of Party Adaptation," *Political Science Quarterly*, Vol. 115, No. 4, 2000 – 2001, pp. 517 – 540。

② 这方面的研究文献，诸如：赵秀梅《基层治理中的国家—社会关系——对一个参与社区公共服务的 NGO 的考察》，《开放时代》2008 年第 4 期；陶传进《控制与支持：国家与社会间的两种独立关系研究——中国农村社会里的情形》，《管理世界》2008 年第 2 期；C. Hsu, "Beyond Civil Society: An Organizational Perspective on State-NGO Relations in the People's Republic of China," *Journal of Civil Society*, Vol. 6, No. 3, 2010, pp. 259 – 277。

③ 参见彭勃《中国民间组织管理模式转型——法团主义的视角》，《武汉大学学报》（哲学社会科学版）2009 年第 3 期；王名、孙伟林《社会组织管理体制：内在逻辑与发展趋势》，《中国行政管理》2011 年第 7 期；刘鹏《从分类控制走向嵌入型监管：地方政府社会组织管理政策创新》，《中国人民大学学报》2011 年第 5 期；马庆钰、井峰岩《论社会组织多维性规范管理体系的构建》，《国家行政学院学报》2014 年第 3 期；岳经纶、谢菲《政府向社会组织购买社会服务研究》，《广东社会科学》2013 年第 6 期；管兵《竞争性与反向嵌入性：政府购买服务与社会组织发展》，《公共管理学报》2015 年第 3 期；徐家良《政府购买社会组织公共服务制度化建设若干问题研究》，《国家行政学院学报》2016 年第 1 期；王名、董文琪《社会组织财税政策初探》，《税务研究》2010 年第 5 期；靳东升等：《支持社会组织发展的税收政策研究》，《财政研究》2014 年第 3 期；丁立《促进社会组织发展的税收政策》，《税务研究》2015 年第 11 期。

研究缺乏政府权力与社会组织公共性生长之间关系的深层探究旨趣。

总而言之，当前学术界的相关研究存在两个方面的欠缺：一是对社会组织公共性还缺少专门、系统和深入的研究。大部分相关研究讨论的是社会组织发展的问题，而社会组织发展事实上涉及社会组织"共同性"建设和社会组织"公共性"生长两个层面的问题。目前学术界对社会组织"共同性"和"公共性"这两个概念还缺乏清晰的界别和区分，因而尚未能足够深入对社会组织公共性探究的层面。事实上，"共同性"与"公共性"是两个既密切关联但又有区别的概念。"共同性"关注的是社会组织的结构问题，或者说社会组织共同体的形成和运转层面的问题；而"公共性"关注的是社会组织的功能问题，或者说社会组织的行动与"大家"之间关系层面的问题。当然，"公共性"离不开"共同性"，"公共性"需要以"共同性"为基础。① 所以，对于社会组织公共性的探讨离不开对社会组织共同性的探讨。二是对政府权力与社会组织公共性生长之间的关系还缺少专门、系统、深入的讨论。从国内外相关研究文献来看，以学术理论探究为旨趣的研究侧重于探讨中国政府与社会组织之间关系的理论模式，未能专门、系统、具体地深入社会组织公共性生长中政府权力调适的层面；而以实践应用服务为旨趣的研究又往往就事论事，缺乏基础性的理论架构和系统性的逻辑叙事。正是基于当前学术界的这样一种研究现状，本书具有一定的开拓性价值。

三　分析框架

本书以"国家与社会"为基本分析框架，通过对中国国家与社会关系变化的纵向考察，来诠释中国公共性结构形态的历史演变，展现社会组织公共性生长的时代价值；基于国家与社会的不同性质，来概括和提炼社会

---

① 参见唐文玉《国家介入与社会组织公共性生长——基于 J 街道的经验分析》，《学习与实践》2011 年第 4 期。

组织公共性的理论内涵和生长逻辑；从国家与社会之间是否形成良性互动关系的视角来分析政府权力对社会组织公共性生长的影响，以及探讨社会组织公共性生长中政府权力进一步调适的基本方向和路径选择。"国家与社会"的分析框架是 20 世纪 90 年代以来中国社会科学研究领域中的主流性研究框架。它是在"对原本中国社会发展研究中那种自上而下的单向性'国家'范式进行批判的基础上，把社会或市民社会的观念引入了中国社会发展研究之中"① 形成的分析框架。这样一种分析框架，由于突破了传统的以国家为中心的自上而下的分析模式，把国家与社会整合到了同一个框架之中，从而更能够揭示出当代中国现代化过程中所遭遇到的各种问题背后所隐藏的更为深层的结构性困境，更能够诠释和破解中国现代化过程当中所面临的治理难题，因而逐渐在中国社会科学研究中取得了主流性的地位。正如邓正来所说："作为对中国现代化问题持严肃且理性态度的知识分子，我们认为，要摆脱中国现代化过程中的两难境地，首先必须从认识上实现一种思维的转向，不能像以往的论者那样，把目光聚焦点只放在政治权威的转型上，因为中国现代化两难症结真正的和根本的要害，在于国家与社会二者之间没有形成适宜于现代化发展的良性结构，确切地说，在于社会一直没有形成独立的、自治的结构性领域。"②

不过，需要指出的是，本书所采用的"国家与社会"的分析框架，并非以对抗和异议为特点的具有西方意识形态的国家与社会之间的分析框架。在这种分析框架下，一个极端是国家掌握着绝对的权力，另一极端则是国家退出和权力回归社会。③ 本书倾向于接受米格代尔（J. Migdal）等学者的"社会中的国家"（state in society）和黄宗智的"第三领域"这样一些国家与社会关系研究的新取向，强调国家与社会之间的合作性互动。"社会中的国家"是米格代尔等学者在研究发展中国家社会体制变迁和国

---

① 邓正来：《国家与社会——中国市民社会研究的研究》，北京大学出版社，2008，第 164 页。
② 邓正来：《国家与社会——中国市民社会研究的研究》，北京大学出版社，2008，第 3 页。
③ 参见陶传进《控制与支持：国家与社会间的两种独立关系研究——中国农村社会里的情形》，《管理世界》2008 年第 2 期。

家政权建设等宏大学术主题的过程中所形成的关于国家和社会相互嵌入和联盟关系的理论。他们认为："国家能力不应简单地归因于政权建设的努力，国家与社会之间的合作，国家精英和主要社会组织领袖之间的联盟，同样关系到国家自主性的构建和管理能力的发展。"[①] 米格代尔还强调："国家和社会都不是固定的实体，在相互作用的过程中，它们的结构、目标、支持者、规则和社会控制能力都会发生变化，它们处在不断相互适应的过程之中。"[②] 我国学者张静在论述"社会中的国家"时指出："如果不是在整体上，国家和社会实际上的相互'授权'现象至少是局部性互动的常态。……如果接受这一立场，就没有国家可以独立推行的统治，社会的合作必然是国家行动的条件。民众对国家的适应性转变，和国家对民众的适应性转变一样，这两个过程使双方的政治行动得以持续，民众和国家都给对方压力，只是不同的部分接受的压力不同，所以，国家和社会事实上是相互创造并互为条件的。"[③] 黄宗智则认为，在国家与社会之间存在"第三领域"，在这一领域中"国家联合社会进行超出正式官僚机构能力的公共活动，也是在这一地带，新型的国家与社会的关系在逐渐衍生。这里是更具协商性而非命令性的新型权力关系的发源地"[④]。"第三领域"其实就是国家与社会合作性互动的领域，其主要职能一方面是为社会提供更多、更好的公共服务，增强社会的自主性和自律性；另一方面就是通过社会直接参与公共事务管理，或者通过形成"公众舆论"来促进国家管理，提升国家管理的品质。

简而言之，本书所采用的"国家与社会"分析框架，既看到了中国国

---

① J. Migdal, A. Kohli & V. Shue, *State Power and Social Forces: Domination and Transformation in the Third World*, Cambridge University Press. , 1997, p. 332.

② J. Migdal, *State in Society: Studying How States and Societies Transform and Constitute One Another*, Cambridge University Press, 2001, p. 57.

③ 张静:《政治社会学及其主要研究方向》,《社会学研究》1998 年第 3 期。

④ 〔美〕黄宗智:《中国的"公共领域"与"市民社会"？——国家与社会间的第三领域》,程农译,载邓正来、J. C. 亚历山大主编《国家与市民社会——一种社会理论的研究路径》,中央编译出版社, 2005, 第 442 页。

家与社会关系的现代性演变所显示出来的国家与社会二元分离的价值；同时基于对中国传统和现实的把握，把国家视为一种不断改进、倾向于与社会联合的角色，认为国家是促进社会组织化发展的一个活跃因素。

四　研究方法

本书基于研究对象的复杂性以及理论开拓和服务实践的双重研究目的，把理论研究和应用研究结合起来，把描述性研究和解释性研究结合起来，把纵向研究和横向研究结合起来，综合采用了规范研究方法、历史研究方法、调查研究方法等多种研究方法。本书对公共性的探讨，尤其是对社会组织公共性的理论内涵和生长逻辑的探讨，遵循的是公共哲学（public philosophy）的抽象思辨和逻辑演绎的规范研究方法，目的在于为整个课题研究建立基本的概念体系和理论架构。本书在中国公共性结构形态演变的历史追溯、中国社会组织公共性生长轨迹的历史考察以及政府权力与社会组织公共性生长之间关系的纵向分析等方面，采用了历史研究方法，注重通过从既有的文献资料中发掘历史事实和依据。本书在当前中国社会组织公共性的现实描述、政府权力与社会组织公共性生长之间关系的现实分析以及当代中国社会组织公共性生长中政府权力进一步调适的具体对策建议的归纳和提炼等方面，突出了调查研究方法，注重通过深度访谈、非参与观察以及深入实地索取文献资料等方式搜集实证研究资料，并对搜集到的资料采用检查、归类、列表、检验等多种方式进行整理和分析。在本课题研究过程中，除了用到部分前期调研资料之外，大部分实证研究资料来源于2013年6月至2015年12月在上海陆续开展的调查研究，另有一部分美国的实证研究资料来源于2013年9~12月笔者在美国佐治亚大学访学期间所做的调查研究。在上海开展的调查研究涉及民政局、社团局、街镇、残联、妇联等政府部门（包括群团组织），以及为数众多的在民政部门正式登记注册的社会团体、民办非企业单位、基金会和社区中未正式登记注册的草根社会组织。在美国开展的调查研究涉及"特殊人群"（Extra Special Peope）、"社区连接"（Communication Connection of Northeast Georgia）、美国红十字会东佐治亚分会（The East Georgia Chapter of the American Red Cross）等在美国佐治亚州比较有影响的非营利组织。同时，笔者还作为观察者参与到了一些有众多非营利组织参与的活动之中，比如由美国佐治亚州雅典市市长发起的、由"社区连接"具体承办的"市长对服务的召唤"（The Mayor's Call to Service）活动。正是由于调查研究涉及了中美两国，因而本书进行了比较多的中美之间的横向比较，试图通过横向的国际比较来为当代中国社会组织公共性生长中政府权力的进一步调适提供更具前瞻性和针对性的对策建议。此外，笔者在研究过程中不仅通过实地研究搜集到了大量的一手资料，同时也通过互联网、图书馆、资料购买和借阅等方式，搜集到了大量的二手资料和理论文献资料，从而使本书的研究建立在了充实的资料文献的基础之上。

五 基本概念

本书涉及的最基本的概念有公共性、政府、政府权力、社会组织和社会组织公共性。在此，为更好地呈现本书的基本思想、逻辑和观点，需要把这些基本概念集中起来进行界定、解释和说明。

1. 公共性

公共性是一个内涵极其复杂的概念，但公共性最基本的含义，是相对于私密性而言的，存在"利他"的属性。正是由于公共性存在"利他"的属性，所以公共性发挥着连接个人与群体的纽带作用。所以，有学者把公共性理解为连接个人与群体之间的纽带。[1] 本书从最基本的意义上，把公共性通俗而简单地界定为一种超越"为自己好"的私人领域的"为大家好"的性质。在此所述的"大家"是一个具有伸缩性的群体概念，它包括不同的层次和状态，可以小到互益性的小规模团体，也可以扩展到社区、城市、国家乃至整个人类社会。本书认为，在其他条件同等的前提下，"大家"所涉及的范围越广，公共性就越强。不过，需要指出的是，"家庭"是排除在

---

[1] 参见李明伍《公共性的一般类型及其若干传统模型》，《社会学研究》1997年第4期。

本书所述的"大家"之外的，因为家庭是谋求生的欲望、生活必需品以及实现种的延续的领域，是一个由亲子所构成的生育社群①，具有典型的"为自己好"的"私"的性质，因而无论是西方的阿伦特（H. Arendt）、哈贝马斯（J. Habermas）还是中国的费孝通等著名学者都把家庭归入私人领域的范畴。这就是说，本书所述的公共性是存在于超家庭的群体之中的，在家庭之中不存在公共性。基于对公共性的这样一种理解，公共性发展指的就是超越"为自己好"的私人领域的"为大家好"的公共领域的发展，这是当代中国社会建设需要关注的重要问题。

2. 政府

本书所述的"政府"是一个作为国家政权系统的"大政府"概念，相当于"国家与社会"研究范式中的"国家"概念。也就是说，本书所述的"政府"是相对于非国家的社会而言的，指的就是国家政权系统，它不仅包括行政、立法、司法、军事等各级政权组织及其制度所组成的正式政府系统，同时也包括各级政权组织的附属组织、延伸组织及其制度形态，比如当前中国的工青妇等群团组织、事业单位、居委会、村委会等组织机构及其制度形态，都可以归入本书所述的"政府"范畴。正是由于本书所述的"政府"相当于"国家与社会"研究范式中的"国家"概念，因而在本书的叙述中基于不同的语境交替使用了"政府"和"国家"的概念。

3. 政府权力

本书所述的"政府权力"，指的是一种比较宽泛的政府力量，包括政府所拥有的正式的制度化权力，亦包括政府所拥有的非正式的影响力。同时，由于本书对"政府"的理解相当于"国家与社会"研究范式中的"国家"概念，因而所述的"政府权力"其实也就相当于"国家权力"。正是缘于此，在本书叙述中也基于不同的语境交替使用了"政府权力"和"国家权力"的概念。本书对于政府权力的分析，受到了英国学者迈克尔·曼（M. Mann）对于政府（国家）权力二分的观点的影响。迈克尔·曼认为，政府权力可以分为

---

① 参见费孝通《乡土中国 生育制度》，北京大学出版社，1998，第38页。

强制权力（despotic power）① 和基础权力（infrastructural power）两种权力形态。也就是说，政府权力是强制权力和基础权力的复合性构成。强制权力从本质上而言是一种针对社会的带有强制性的支配权力，它强调单向度地、不顾抵抗地贯彻政府的意志，而不需要与社会群体进行例行性的协商。强制权力的运作不会在政府与社会之间发生权力总额的变化，只是会在政府与社会之间产生不同的权力分配，因而具有零和博弈的运作性质。与强制权力不同，基础权力从本质上而言是一种深入社会的渗透权力，强调通过与社会力量的合作而"贯穿"社会、协调社会生活。基础权力是一个双向车道，它的运作使得政府与社会之间发生了紧密的相互渗透，从而带来了权力总额的增长，因而具有合作共赢的运作性质。强制权力和基础权力具有不同的性质，但两者对于任何国家或地区的政府而言都是不可或缺的，只不过不同的国家或地区的政府在这两种权力形态的构成上或者强弱的相对程度上会存在差异。

4. 社会组织

本书所述的"社会组织"包括两个层面的意涵：一是从价值判断的层面，认为社会组织就是符合萨拉蒙（L. M. Salamon）等学者通过跨国比较所归纳和概括的五个方面基本特征的组织实体。这五个方面的基本特征是：组织性（organized）、私立性（private）、非利润分配性（non profit-distributing）、自治性（self-governing）和志愿性（voluntary）。② 其中，组织性是社会组织的一个不言而喻的基本特征；私立性是相对于国家机器而言的，强调它们不是国家机器的一部分，即使它们可以从政府方面取得支持；非利润分配性是从目的上讲的，强调的是社会组织的"公共目的"，社会组织可

---

① 在陈海宏等翻译的，由上海世纪出版集团、上海人民出版社 2007 年出版的《社会权力的来源》第 2 卷上册中，"despotic power"被翻译为"专制权力"。尽管在此书中，"专制权力"是一个用来分析政府（国家）权力的中性的学术概念，不带有任何贬义，但本书为了避免对"专制权力"的贬义性理解，用"强制权力"的概念替代了"专制权力"的概念。参见〔英〕迈克尔·曼《社会权力的来源》第 2 卷上册，陈海宏等译，上海世纪出版集团、上海人民出版社，2007，第 68 ~ 72 页。

② 参见〔美〕萨拉蒙等《全球公民社会——非营利部门国际指数》，陈一梅等译，北京大学出版社，2007，第 12 ~ 13 页。

以从运营过程中取得盈余，但所有盈余必须要重新投入机构目标的事业中；自治性强调的是社会组织的自主性，它们有自身的内部治理机制，自己有权停止活动，能完全控制其自身事务；志愿性强调的是社会组织的非权力性基础，成为会员或参与其中既非法律要求亦非强制。笔者认为，这五个方面能比较好地概括社会组织的基本特征，能有效地把社会组织与政府组织、市场组织或者说营利组织区分开来。二是从现实考察的层面，由于当前中国很多社会组织并不完全符合萨拉蒙等学者所归纳和概括的这五个方面的基本特征，因而进入当前中国的现实领域，本书并不完全依照萨拉蒙等学者所归纳和概括的五个特征来严格界定社会组织，而是相对宽泛地把社会组织作为区别于我们通常所理解的政府组织和市场组织的"第三部门"来看待。具体而言，从现实考察的层面，本书所述的社会组织主要指的是在民政部门登记注册的社会团体、民办非企业单位、基金会以及未在民政部门登记注册但具有非利润分配性的其他组织形态。另外，由于社会组织在国际上并不是一个常用的概念，而本书又涉及横向的国际比较，尤其是中美之间的比较，考虑到国际上的习惯用法尤其是美国的习惯用法，因而在对国外相对于政府组织和市场组织的"第三部门"组织形态的叙述中采用了"非营利组织"的概念。

5. 社会组织公共性

本书所述的社会组织公共性，是从公共性的建构主体的角度来予以理解的，是相对于个人公共性、市场组织公共性和政府组织公共性而言的，关注的是社会组织作为主体而建构公共性的功能问题，可以通俗而简单地界定为社会组织成员通过组织化的行动所体现出来的"为大家好"的性质。在此所述的"大家"同样是一个超家庭的具有伸缩性的群体概念，可以小到互益性的小规模团体，亦可以扩展到社区、城市、国家乃至整个人类社会。同时，在其他条件同等的前提下，"大家"所涉及的范围越广，公共性就越强。社会组织公共性相对于个人公共性而言，是一种组织形态的公共性。社会组织是个人公共性提升的中间性组织载体或者说具体场所，具有相对于个人而言的更为强大的公共性建构力量。社会组织公共性相对于市场组织公共性而言，是一种常态化的公共性。社会组织自始至终以"公共目的"为组织生存和发展的价值追求，因而社会组织从本质上而言就是一种以公共性建构为价值取向的公共组织。社会组织公共性相对于政府组织公共性而言，是一种非权力性基础的公共性。社会组织不拥有以合法使用暴力为后盾的公共权力，社会组织对公共性的建构依赖的是自愿结社、自愿支援等非权力性的力量。社会组织公共性包括实践系谱的公共性和言论系谱的公共性两种基本形态。从实践系谱的公共性来看，社会组织公共性体现为社会组织的公共服务提供功能，这种公共服务提供包括一切可以直接增进社会福利①的实践行为；从言论系谱的公共性来看，社会组织公共性体现为社会组织的公共言论生产功能，这种公共言论生产可以是为某些社会群体的利益代言或者说反映利益诉求，也可以是就某些公共议题发表自己的意见、看法或建议。

六　叙述框架

导论：阐述本书研究的基本背景，展现本研究的重要性和必要性；围绕本书研究关注的核心主题，对国内外研究现状进行述评，呈现本研究的学术价值；叙述本研究的分析框架和研究方法，并对本书中所使用的几个基本概念进行界定、解释和说明；陈述本书的叙述逻辑和结构框架。

第一章追溯中国公共性结构形态的历史演变，并通过对中西公共性结构形态演变的比较，展现当代中国社会组织公共性生长的时代背景和重要价值。

第二章从公共性的基本概念谈起，阐述社会组织公共性的概念内涵、基本属性和形态外延，并探讨社会组织公共性的基本生长逻辑，尝试为社会组织公共性研究建立基本的理论架构。

第三章追溯改革开放以来中国社会组织公共性的生长轨迹，描述改革开放以来中国社会组织公共性生长的现实进展，揭示当前中国社会组织公

①　本书在此所述的社会福利既包括物质层面的或有形的社会福利，也包括精神层面的或无形的社会福利，比如文化娱乐、社会信任、互惠规范、合作网络等。

共性存在的三个方面的明显不足。

第四章概述海内外学者对当代中国政府与社会组织之间关系研究的六种具有影响力的解释模式，并从这六种模式中提炼出对当代中国政府与社会组织关系进行整体性理解的两个基本维度，以便为后续研究提供理论基础和分析框架。

第五章从模式导向研究走向问题导向研究，分析政府权力对社会组织公共性生长的积极影响，认为这种积极影响主要表现为释放了社会形态的"公"的空间，促进社会组织共同性的生成和发展，以及促进社会组织公共性的直接展现。

第六章继续在模式导向研究的基础之上，进行问题导向研究，分析政府权力对社会组织公共性生长的消极影响，认为这种消极影响主要表现为"全能型政府"的路径依赖制约、"控制型管理"的消极控制约束以及"工具性支持"的工具主义局限。

第七章基于前文的叙述和分析，探讨当代中国社会组织公共性生长中政府权力进一步调适的基础性选择，认为从基础性的层面，要明确和把握政府权力进一步调适的基本价值取向，以及进一步推进政府从"全能型政府"向"有限型政府"转型，以为当代中国社会组织公共性生长创造基础性的制度条件。

第八章基于前文的叙述和分析，探讨当代中国社会组织公共性生长中政府权力进一步调适的指向性选择，认为从指向性的层面，要推进政府对社会组织的管理从"控制型管理"向"发展型管理"转型，以及推进政府对社会组织的支持从"工具性支持"向"主体性支持"转型。

结论与讨论：总结本书的基本思路、叙述逻辑与主要观点，阐述本书可能的学术价值和应用价值，提出还需要进一步讨论、挖掘、深化和细化的问题。

第一章

中国公共性结构形态的演变

当代中国社会组织公共性生长，发生在中国公共性结构形态现代性演变的时代背景下。本章通过追溯中国公共性结构形态的历史演变以及对中西公共性结构形态演变的比较，展现当代中国社会组织公共性生长的时代背景和重要价值。

一　传统中国的权威主义公共性

在中国传统文化中，"公"是比较直接反映公共性的说法。从词源的角度来考察，"公"的原义有两种不同的说法：一种是依据对甲骨文、金文的文字考究，多数研究认为甲骨文和金文中的"公"反映的是古代共同体祭祀的画面，"公"的下半部表示的是共同体祭祀的广场，"公"的上半部表示的是参加祭祀的队列。按照这种说法，"公"是一个象形文字，具有神圣性、权威性和共同体公共空间的意涵。另一种是依据《韩非子·五蠹》中"自环者谓之私，背私谓之公"的说法，这种说法把"公"拆分为"八"和"厶"两个部分，"厶"即私，而"八"即背、相反、开放的意思。按照这种说法，"公"是相对于"私"而言的。"私"的原义是"自营"，即把自己围起来，具有隐秘性、自利性的意涵；而"公"则是"私"的反面，意味着把自己围起来的东西向外开放，具有公开性、利他性的意涵。正是源于韩非子的这种说法，东汉时期许慎在其编撰的《说文解字》中，把

"公"进一步解释为"平分",赋予其"公平"的意涵。这两种说法从词源的角度来看似乎是不可妥协的,但事实上在传统中国漫长的发展历史过程中这两种不同说法的"公"的意涵是相互交织在一起的,共同地描述着传统中国的公共性结构形态。所以,有学者把传统中国的公共性结构形态阐述为:"权威('公')为了保全自己,不断地将社会资源相对均等地分配('公')给社会成员的结果,共同空间('公')随之不断形成。"① 这样一种阐述大体上呈现出了传统中国公共性结构的基本面貌,但还不够准确,因为其把传统中国社会中的"公"简单地阐述为一种理性的自我利益取向所达到的结果,而忽视了马克斯·韦伯(Max Weber)所说的传统"习俗"② 的影响。

事实上,传统中国的"权威"(政权、族权等)对社会资源的分配进而建构的公共性,不单纯是出于一种保全自己的理性利益计算的结果,同时也受到传统中国伦理关系文化的深刻塑造。传统中国的伦理关系本质上是一种义务关系③,"为人君,止于仁;为人臣,止于敬;为人子,止于孝;为人父,止于慈"④,下对上的服从是基于上对下的仁慈,反过来上对下的仁慈是基于下对上的服从。但是,正如费孝通所言,这样一种义务关系并非个人与团体或者说共同体之间的关系,而是一种私人关系网络,故存在亲疏厚薄之分,并以"己"为中心向外推开,没有明确的界限,费孝通用"差序格局"来描述这样一种伦理关系。⑤ 由于在差序格局中,存在人情关系的亲疏厚薄之分,普遍的标准在此并不发生作用,一个人究竟是否会利他,又会利他到什么样的程度,往往看他是谁、他和自己是什么样的关系,所以传统中国的公共性具有明显的狭隘性特征。同时,在差序格局中,

---

① 李明伍:《公共性的一般类型及其若干传统模型》,《社会学研究》1997 年第 4 期。
② 马克斯·韦伯认为,习俗是一种持之以恒的实践习惯,是一些没有任何外在约束力的规则,行动者按照自己的自由意志遵守它,且不管他的动机是由于完全缺乏思考、是由于遵守起来比较方便还是由于无论其他什么可能的原因。参见〔德〕马克斯·韦伯《经济与社会》第 1 卷,阎克文译,上海人民出版社,2010,第 119~121 页。
③ 参见梁漱溟《中国文化要义》,上海世纪出版集团、上海人民出版社,2011,第 76~91 页。
④ 《大学》。
⑤ 参见费孝通《乡土中国 生育制度》,北京大学出版社,1998,第 24-36 页。

"己"或者说"私"始终位于中心的位置，而"公"只不过是"私"的关系向外拓展的产物，"一个人为了自己可以牺牲家，为了家可以牺牲党，为了党可以牺牲国，为了国可以牺牲天下"，① 所以传统中国的公共性也非常脆弱。故费孝通才指出，在中国"私"的毛病比"愚"和"病"的毛病要普遍得多。② 由此可见，在传统中国的公共性结构形态中，"公"与"私"是融合在一起的，"公"是"私"的关系拓展的产物，"公"与"私"之间缺乏清晰的界限。

基于传统中国的公共性主要是由权威主体自上而下地纵向建构起来的，且这种权威主体不仅仅只是国家权威，同时也包括强大的社会权威，因为传统中国存在以家族为基础的发达社会自治体，再加上传统伦理关系对这种由权威主体自上而下建构的公共性结构形态的正当性支持，本书把传统中国的公共性结构形态称作为"权威主义公共性"。

二　从权威主义公共性到国家主义公共性

自 19 世纪中叶以来，内忧外患把传统中国拖入了现代化的历程，传统中国走进了一个现代化大变革的时代。基于现代民族国家建构的需要，国家权力开始借助于正式的官僚机构向乡村社会延伸和扩张。"中国自晚清政府、民国政府，直至中华人民共和国，国家政权不断向乡村渗透，终于建成了'全能主义国家'（total state），国家统治了一切有价值的资源，形成原子化的个人直接面对国家的格局。"③ 尤其是"1950 年以来，中国的历史断代及社会实践基本上可以用'运动'的更替加以概括。作为一个充满'运动'的国家，政治力量席卷到乡村社会"。④ 国家权力的延伸和扩张，逐渐吞噬了传统的以家族为基础的社会权威，公共性的结构形态发生了深刻的转变，传统的国家权威与社会权威相伴而生共同建构公共性的格局逐

---

① 费孝通：《乡土中国　生育制度》，北京大学出版社，1998，第 29 页。
② 参见费孝通《乡土中国　生育制度》，北京大学出版社，1998，第 24 页。
③ 郑卫东：《"国家与社会"框架下的中国乡村研究综述》，《中国农村观察》2005 年第 2 期。
④ 王铭铭：《村落视野中的文化与权力——闽台三村五论》，三联书店，1997，第 44 页。

渐转变成了国家单一力量建构公共性的格局。

中华人民共和国成立之后，国家在公共性建构上的努力，表现为通过土地改革运动、"合作化"运动等一系列运动的形式，来改造传统中国的差序格局伦理关系文化，以克服传统公共性的狭隘性和脆弱性，建构一种富有现代性的个人与共同体之间关系的公共性结构形态。但是，这样一种公共性建构的努力却走向了另外一个极端。这种极端表现在两个方面：一是彻底消灭社会形态的"公"，把"公"集中到国家之中，国家等同于"公"，实现了对公共性的垄断，扮演了一种全能主义的为民谋幸福的角色；二是"公"与"私"被视为"善"与"恶"的价值对立关系，因而强调抑制"私"的动机、意志和要求，通过钳制、破除甚至消灭"私"的方式来开拓公共性。本书将由此而建构出来的公共性结构形态称为"国家主义公共性"。国家主义公共性延续了传统权威主义公共性自上而下纵向建构的性质，但是由于国家权威吞噬了社会权威，从而使得公共性的建构主体变得单一化，具有一元化的特征。国家主义公共性，是国家权力对社会生活强势介入的结果，国家通过自上而下的高度政治组织化架构，扮演了建构"公"的全能角色，并与此同时抑制了"私"的动机、意志和要求。

三　国家主义公共性向多元主义公共性转型

国家主义公共性扩大了国家权力的"公"，对于公共性具有积极的开拓作用。正如李强所说："不花钱的公共卫生，普及卫生常识等公共性服务大大提高了中国人的预期寿命。"① 但是，其负面影响亦是不可以否定的，其破坏了社会的活力，压抑了个人的自主性和能动性，不能为中国现代化发展和人民福祉的增进生成提供创造力的持续性机制。由此，改革开放的重要使命之一，就是要走出"国家万能"的神话，使国家的功能负担合理化和适当化，并与此同时提升个人的自主性和能动性，释放社会的生机和活力。改革开放以后，尤其是 20 世纪 90 年代以来，全能主义国家格局出现解

---

① 李强：《社会建设，公共性是个大问题》，2011 年 2 月 21 日《北京日报》。

体，"多元化社会"日益呈现出来。"在一般的意义上说，这是一个加速变得分化（专业化、阶层化）、复杂的社会（社会流动更快了，个人的身份更多元了），同时又是社会横向联系占据主要地位，社会各个层次的组成部分的合作和依赖感不断加强的社会。"① 社会形态的深刻变迁，不断解构了国家垄断"公"的一元公共性形态，公共性的建构主体由"垄断"逐渐走向了"扩散"。本书将这样一种扩散了的公共性称为"多元主义公共性"。

多元主义公共性是对国家主义公共性的否定，同时这种否定又超越了传统的权威主义公共性，因而是一种"新公共性"② （三者之间的比较如表 1 - 1 所示）。具体而言，多元主义公共性具有两个方面的显著特点。

表 1 - 1　权威主义公共性、国家主义公共性与多元主义公共性比较

比较维度 三种类型	建构主体	建构方向	公私关系
权威主义公共性	权威主体	纵向建构	公私融合
国家主义公共性	国家主体	横向建构	公私对立
多元主义公共性	多元主体	网络建构	公私共进

一是主体多元。多元主义公共性的建构主体不再局限于自上而下的权威主体或国家主体，由于个人自主性、能动性的释放以及社会横向联系的生长，自主性的个人和具有横向联系性特征的现代社会组织、市场组织都成了公共性的显性建构者。由此，以往主要由权威主体或国家主体自上而下建构公共性的纵向性格局，转变成了个人、社会组织、市场组织、政府组织多元主体共同建构公共性的网络化格局。但是，需要强调的是，由于单独"个人"力量的微弱性和分散性以及市场组织的营利性，个人和市场组织都担当不了公共性建构的主角性力量，放眼世界莫不如此；而社会组织则由于其组织性和非营利性的特征，事实上充当了个人由"私"向"公"

① 高丙中：《社团合作与中国公民社会的有机团结》，《中国社会科学》2006 年第 3 期。
② 多元主义公共性与 20 世纪 90 年代以来一些东亚学者所倡导的"新公共性"在内涵上是一致的：一是强调公共性的建构主体由"垄断"走向"扩散"，二是强调对"私"的存在和价值的正当性确立。

发展过程中的具体场所或者说中间性的组织载体，成为相对于政府而言的公共性建构的新主角。正是基于此，20世纪90年代以来，东亚掀起的以"新公共性"构建为主题的社会思潮，其内容才主要聚焦在慈善公益、公民志愿行动、社会共同体重建等社会"第三域"的建设上。①

二是公私共进。多元主义公共性不否定"私"的动机和要求，相反倡导"私"的确立，因为没有"私"的确立，就难以开拓出具有持续生机的"公"。正是基于此，韩国学者金泰昌提出了"活私开公"的理论："无论以哪个主体来开拓公共性都不能像以前那样通过牺牲'私'来构筑'公'，而是要活用'私'，通过'私'的参加来开拓'公'。"② 在多元主义公共性形态中，"公"与"私"之间并非一种对立、冲突的关系，"私"的存在和价值得到了正当性的认可，"公"与"私"之间协同共进、相互联动而又界限分明，"私"不能侵蚀"公"的价值，"公"亦不能侵犯"私"的权利。国家主义公共性向多元主义公共性转型，是国家权力收缩和调适的结果。这样一种收缩和调适，激活了多元的"公"的建构主体，同时又认可了"私"的存在和价值，尤其是确立了非宗族基础的、基于社会横向联系生成的现代性社会组织对于建构"公"的重要时代价值，由此为社会"有机团结"③的生成创造了条件。

基于以上叙述，从权威主义公共性到国家主义公共性，再从国家主义公共性向多元主义公共性转型，终于把现代性的社会组织推上了历史舞台，使之扮演了建构公共性的重要角色。"在公共事务的治理中出现了非政府组

---

① 参见田毅鹏《"活私开公"：东亚志愿主义发展的新路径》，《南开学报》（哲学社会科学版）2013年第3期。

② 〔日〕佐佐木毅、〔韩〕金泰昌：《中间团体开创的公共性》，工伟译，人民出版社，2009，第26页。

③ 涂尔干在《社会分工论》一书中，描述和区分了社会团结的两种基本类型，即"有机团结"和"机械团结"。"有机团结"相对于"机械团结"而言，个人的自主性和能动性得到了释放和激活，社会横向性联系得到了生长和拓展。相关概念和内容详见〔法〕涂尔干：《社会分工论》，渠东译，三联书店，2000年，第11～186页。这方面的进一步研究，也可以参见：R. S. Lynd, "Planned Social Solidarity in the Soviet Union," *The American Journal of Sociology*, Vol. 51, No. 3, 1945, pp. 183 – 197；高丙中：《社团合作与中国公民社会的有机团结》，《中国社会科学》2006年第3期。

织、基层自治组织等新型的社会治理主体，它们不仅改变了社会的治理结构，而且还增加了社会主体行动结构的相关度和和谐性。"① 当然，当前从国家主义公共性向多元主义公共性的转型尚未完成，多元主义公共性还处在形成和发展的过程中，社会组织的公共性建构力量还比较小。但是，伴随着从国家主义公共性向多元主义公共性转型的不断推进，社会组织将日益发挥出其建构公共性的主角价值。

四　主体性扩散：公共性结构形态演变的中西同归

以上追溯了中国公共性结构形态的演变，这样一种公共性结构形态的演变终于超越了以往权威主体或国家主体纵向性建构公共性的格局，实现了主体性的扩散，使得现代性的社会组织横向性建构公共性成为当代中国公共性建设的重要方面。从主体性扩散的视角来看，社会形态的组织化主体在公共性建构中的重要角色的日益凸显，事实上是中西公共性结构形态演变的共同方向。理解当代中国社会组织公共性生长的时代背景和重要价值，还需要进一步考察西方公共性结构形态的演变及其与中国的比较，进而具有更为广阔的全球视野。

哈贝马斯在《公共领域的结构转型》中，追溯了西方公共性结构的形态演变。他首先考察的是古希腊城邦型公共性。"在高度发达的希腊城邦里，自由民所共有的公共领域（koine）和每个人所特有的私人领域（idea）之间泾渭分明。公共生活（政治生活）在广场上进行，但并不固定；公共领域既建立在对谈（lexis）之上——对谈可以分别采取讨论和诉讼的形式，又建立在共同活动（实践）之上——这种实践可能是战争，也可能是竞技活动。"② 古希腊时代是一个城邦和家业的二元结构时代，古希腊城邦型公共性的建构主体是"自由民"，并且这种由"自由民"而建构的"公"与

---

① 郑杭生：《社会和谐与公共性》，《中国特色社会主义研究》2005 年第 1 期。

② 〔德〕哈贝马斯：《公共领域的结构转型》，曹卫东等译，学林出版社，1999，第 3 页。

作为家业的"私"之间是界限分明、平行共存的，但这种界限分明、平行共存，并不意味着"公"与"私"之间是相互脱离的。事实上，作为家业的"私"的存在依赖于城邦的"公"的保障，因而亚里士多德（Aristotle）突出强调了城邦的"公"的价值，并构成了西方共和主义的源流；与此同时，城邦"公"的实现也需要建构在"私"的家业的基础之上，离开了奴隶、妇女和佣工这样一些从事家业事务的人为"自由民"参与城邦公共事务所释放出来的充分闲暇，城邦的"公"也就无从建构起来，因而亚里士多德突出强调了"闲暇"的价值。古希腊城邦型公共性的这种公私之间的界限分明而又相互依存的关系，事实上构成了当代西方公共性结构形态中公私关系的考察原点。但是，从公共性建构主体的角度来看，古希腊城邦型公共性存在明显的狭隘性，其建构主体只局限于占城邦人口少数的"自由民"，而占城邦人口多数的奴隶、妇女和佣工等这样一些从事家业事务的人则被排除在了公共性建构的主体之外。

进入中世纪之后，西方公共性结构形态演变成了代表型公共性。在此所述的"代表"与国家的代表或具体的议会代表并没有什么关系，而指的是一种基于"所有权"的封建领主的身份或地位。"这种代表型公共领域不是一个社会领域，作为一个公共领域，它毋宁说是一种地位的标志。封建领主的地位，不管处于哪个级别，都和'公'、'私'等范畴保持中立关系；但占据这一地位的人则把它公开化，使之成为某些'特权'的体现。……只要王侯和各特权阶层本身就是'国家'（朕即国家），而不只是国家的代表，那么，从一定意义上讲，他们是可以代表的；他们在民众'面前'所代表的是其所有权，而非民众。"① 在西方代表型公共性结构形态中，以往"公"与"私"之间界限分明的关系发生了改变，"公"与"私"共同依附于土地而融为一体。"在中世纪的文献中，'所有权'和'公共性'是一个意思；公有意味着领主占有。'公有'作为共同所有与'公有'作为摆脱领主特权的'普遍所有'这样一对意义矛盾，至今依然表明，合作社的构成

---

① 〔德〕哈贝马斯：《公共领域的结构转型》，曹卫东等译，学林出版社，1999，第6~7页。

因素和建立在封建所有制基础之上的社会结构是融为一体的。"① 从公共性建构主体的角度来看，代表型公共性不是一种社会形态的公共性，民众被排挤在公共性建构的主体之外，充当的只是"衬托统治阶级、贵族、教会显贵以及国王等展示自身及其地位的背景"②，而统治阶级、贵族、教会显贵以及国王所掌握的权力就等同于封建国家的权力，因而代表型公共性其实就是封建国家的公共性。

到18世纪以后，伴随着资本主义经济的发展，国家与资产阶级所代表的社会发生了分离，西方代表型公共性不断萎缩和瓦解，公共性建构的主体出现了从国家向社会的扩散，西方走进了一种多元主义公共性的时代。在这种多元主义公共性时代，出现了两种基本类型的公共领域：一种是公共权力领域；另一种则是由私人聚集、从私人领域中分离出来的社会公共领域。"由于社会是作为国家的对立面而出现的，它一方面明确划定一片私人领域不受公共权力管辖，另一方面在生活过程中又跨越个人家庭的局限，关注公共事务。"③ 哈贝马斯关注的就是这种社会形态的公共领域亦即市民公共性。市民公共性，一方面强调的是一种作为公共言论的空间，其存在的价值就是通过批判的功能，以国家权力相对的形式形成政治舆论的场；另一方面突出了基于结社的社会形态的组织化主体在公共性建构中的重要角色。"无论如何，'市民社会'的核心机制是由非国家和非经济组织在自愿基础上组成的。这样的组织包括教会、文化团体和学会，还包括了独立的传媒、运动和娱乐协会、辩论俱乐部、市民论坛和市民协会，此外还包括职业团体、政治党派、工会和其他组织等。"④ 也就是说，伴随着西方公共性结构形态的演变，西方公共性建构的主体出现了从"小圈子"向"大社会"的扩散，并凸显了社会形态的组织化主体在公共性建构中的重要角色。尽管西方社会形态的公共性更多强调的是一种作为公共言论生产的空

① 〔德〕哈贝马斯：《公共领域的结构转型》，曹卫东等译，学林出版社，1999，第6页。
② 〔德〕哈贝马斯：《公共领域的结构转型》，曹卫东等译，学林出版社，1999，"序言"第6页。
③ 〔德〕哈贝马斯：《公共领域的结构转型》，曹卫东等译，学林出版社，1999，第23页。
④ 〔德〕哈贝马斯：《公共领域的结构转型》，曹卫东等译，学林出版社，1999，第29页。

间，这与当前中国更多强调的以公共福利为目的的公共性存在一定的语义上的差异，但从主体性扩散的角度来看，体现出了中西公共性结构形态演变的殊途同归。

另外，需要提及的是，哈贝马斯指出，由于西方福利国家的发展以及大众民主的普及，市民公共性出现了弱化，但这种弱化并不是说西方社会形态的公共性出现了衰退，而只是强调特殊语境中的对国家具有强烈批判性和对抗性的"市民公共性"出现了弱化。哈贝马斯在 20 世纪 80 年代以后，几乎不再使用市民公共性的概念，但重新提出了"自律的公共性"概念，这种自律的公共性是由自律的个人形成的，以结社为媒介的"高层次的相互主观性"，即为达成共识的公共性。① 这就是说，西方社会形态的公共性并不是出现了衰退，社会形态的组织化主体在公共性建构中的重要角色也并不是出现了弱化，而只是更多地从以往的批判和对抗走向了共识和合作，这事实上是全球社会发展的一种基本趋势。萨拉蒙指出，在 20 世纪下半叶，世界上兴起了"全球结社革命"，在全球各个角落，有组织的私人志愿活动风起云涌。"这是诸多因素作用的产物：新的通信技术、大众对更多机会的大量需求、对市场和政府在处理当今交错的社会、经济问题不力的不满、外部援助的出现等。这一结社革命新的关注点和新的精力放到了那些占据介于市场与政府之间的社会空间的各种社会组织上。"② 当代中国社会组织公共性生长，也是在这样一种全球趋势下得以发生并确立其重要时代价值的。

五　本章小结

当代中国社会组织公共性生长是中国公共性结构形态历史演变的产物，

---

① 参见〔日〕今田高俊《从社会学观点看公私问题——支援与公共性》，载〔日〕佐佐木毅、〔韩〕金泰昌主编《社会科学中的公私问题》，刘荣、钱昕怡译，人民出版社，2009，第 47 页。

② 〔美〕萨拉蒙等：《全球公民社会：非营利部门国际指数》，陈一梅等译，北京大学出版社，2007，第 5 页。

具有发生的必然性和重要的时代价值。中国公共性结构形态经历了从权威主义公共性到国家主义公共性，再从国家主义公共性向多元主义公共性转型的历史演变过程。多元主义公共性的多元主体、网络建构和公私共进的基本属性，决定了其是一种不同于权威主义公共性和国家主义公共性的"新公共性"。而正是这样一种"新公共性"的出现，把现代性的社会组织推上了历史舞台，使之日益扮演了当代中国公共性建构的重要角色。而从西方公共性结构形态的演变来看，西方公共性建构的主体也日益凸显社会形态的组织化主体在公共性建构中的重要角色，这体现出了中西公共性结构形态演变的殊途同归，从而确立了当代中国社会组织公共性生长在全球趋势下的重要时代价值。

第二章

公共性与社会组织公共性

究竟应该如何理解和描述社会组织公共性？社会组织公共性遵循的又是一种什么样的生长逻辑？这是我们在开展社会组织公共性研究时需要厘清的基本问题。本章首先从公共性的概念谈起，然后叙述社会组织公共性的基本内涵与生长逻辑，尝试为社会组织公共性研究建立基本的理论架构。

一　如何理解公共性？

公共性表现为一种与私人领域相分别的公共领域，而公共领域具有多种类型。哈贝马斯在《公共领域的结构转型》一书中就暗示了一种关于公共领域的类型学①，不同的主体和不同的权力关系格局会塑造出不同性质的公共领域。所以，公共性是一个内涵极其丰富的概念，在不同的场域中会有不同的理解。但不论如何，公共性是与私密性相对的一个概念，它是在与私密性相比较的时候获得自己的原初规定性的。如果说，私密性是关于"私"的性质，那么，公共性就是关于"公"的性质。在人类社会足以展开自己的从众生活的时候，就必须处理什么是"公"、什么是"私"的问

① 邓正来、J. C. 亚历山大主编《国家与市民社会——一种社会理论的研究路径》，中央编译出版社，2005，第 422 页。

题。① 因而，中西方都存在悠久的"公""私"论辩传统。尽管中西方关于"公""私"的具体理解存在文化和制度上的差异，但都是把"公"作为相对于"私"的概念来理解的。而"公"的存在是离不开群体的，没有群体也就无所谓"公"。就像阿伦特在对公共领域描述时所说："共同生活在这个世界，这在本质上意味着一个物质世界处于共同拥有它的人群之中，就像一张桌子放在那些坐在它周围的人群之中一样，这一世界就像一件中间物品一样，把人类联系起来的同时，又将其分隔开来。"② 所以，从最基本的层面来看，公共性可以看作一种连接个人与群体之间纽带的性质③，它超越了"为自己好"的私人领域，具有"为大家好"的利他性质。

正是基于这样一种最基本层面的理解，本书把公共性通俗简单地界定为一种超越"为自己好"的私人领域的"为大家好"的性质。在此所说的"大家"，其实就是"群体"的概念。而所谓的群体，又可以称为共同体，指的是"在认同、自我意识和共同利益方面具有同感的社会群体。一般而言，共同体成员都居住在特定的地域之内，拥有共同的机构，并指导大量的社会事务以便形成关于共同利益的认识"。④ 群体是一个具有伸缩性的概念，它包括不同的层次和状态，可以小到互益性的小规模团体，也可以扩展到社区、城市、国家乃至整个人类社会。正是由于群体这个概念具有伸缩性，而公共性又存在于群体之中，因而公共性的程度可以基于群体所涉及的人群范围大小进行强弱程度的判断。为此，本书认为，在其他条件同等的前提下，"大家"或者说"群体"所涉及的范围越广，公共性就越强。不过，需要指出的是，"家庭"是排除在本书所述的"大家"之外的。因为"家庭"属于必然王国和瞬间世界，是谋求生的欲望、生活必需品以及实现种的延续的私人领域，与作为自由王国和永恒世界的公共领域形成鲜明的对比。⑤ 费孝通指出，家庭这种社群和普通的社群不一样，是一个由亲子所

---

① 任剑涛：《公共的政治哲学》，商务印书馆，2016，第 111 页。

② 〔美〕汉娜·阿伦特：《人的条件》，竺乾威等译，上海人民出版社，1999，第 40 页。

③ 参见李明伍《公共性的一般类型及其若干传统模型》，《社会学研究》1997 年第 4 期。

④ 〔美〕杰克·普拉诺等：《政治学分析辞典》，胡杰译，中国社会科学出版社，1986，第 24 页。

⑤ 参见〔德〕哈贝马斯《公共领域的结构转型》，曹卫东等译，学林出版社，1999，第 3 页。

构成的生育社群,家庭的结合是为了子女的生和育,因而其功能是暂时性的;但家族与家庭不同,尽管家族是从家庭基础上推出来的,但家族的功能不限于生育的功能,中国传统的家族包括了政治、经济、宗教等长期绵延性的功能。[①] 这就是说,家庭属于私人领域的范畴,而家族尽管存在比较浓的"私"的成分,但是已经具有了公共性,只不过这种公共性相对而言是比较狭隘和脆弱的。

二 社会组织公共性:概念、属性与形态

(一) 社会组织公共性的基本概念界定

在本书的叙述中,所谓社会组织公共性,是从公共性的建构主体的角度来予以理解的,关注的是社会组织作为主体而建构公共性的功能问题。如前所述,中国公共性结构形态从国家主义公共性向多元主义公共性的现代性转型,拓展了公共性的建构主体,除了政府组织依然是公共性的重要建构主体之外,由于个人自主性、能动性的释放和社会横向联系的生长,个人以及现代性的社会组织、市场组织都成为公共性的显性建构者,并与政府组织一起共同地塑造着多元主义公共性的格局。于是,从公共性的建构主体的角度来看,公共性可以划分为政府组织公共性、个人公共性、市场组织公共性和社会组织公共性四种基本类型。

(二) 社会组织公共性的三种基本属性

社会组织公共性是相对于个人公共性、市场组织公共性和政府组织公共性而言的。为此,要进一步理解社会组织公共性的内涵,就需要把社会组织公共性与其他三种类型的公共性进行比较,通过比较来揭示社会组织公共性的基本属性。

---

① 参见费孝通《乡土中国 生育制度》,北京大学出版社,1998,第 38~40 页。

伴随着中国公共性结构形态的现代性演变，个人的自主性和能动性从传统权威和国家权力的束缚中逐渐释放了出来，个人成为公共性的显性建构者。但是，单独的个人由于力量的微弱性和分散性，担当不了新时期公共性建构的主角力量。个人要提升自身思维和行为的公共性，需要寻求或建构中间性的组织载体，而社会组织就是非常重要的中间性组织载体。由此而言，个人公共性事实上构成了社会组织公共性的基础，而社会组织公共性则可以看作个人公共性的延伸和扩展。市场组织或者说营利组织在新的时代背景下也日益成为公共性的显性建构者，很多市场组织在从事营利性活动之外，也会从事一些非营利的公共活动。但是，从整体上来看，市场组织的主要目标是从事营利性活动，追求服务于个人或家庭的"私"的经济价值，非营利的公共活动只是其偶然性的或者说非常态化的行为。同时，市场组织的营利性活动与公共性活动之间也很难划分出清晰的界限，公共性活动时常也带有服务于营利性活动的目的。因此，市场组织只不过是偶然性地或者说非常态化地发挥了社会组织建构公共性的功能，不能看作公共性建构的常态化主体，也担当不了新时期公共性建构的主角力量。政府组织作为"公共权力机关"，古今中外都是公共性建构的主角力量。洛克（J. Locke）认为，政府的起源就在于克服自然状态所存在的诸多"私"的缺陷，政府就是为建构公共性而存在和发展的。"人们充当自己案件的裁判者是不合理的，自私会使人们偏袒自己和他们的朋友，而在另一方面，心地不良、感情用事和报复心理都会使他们过分地惩罚别人，结果只会发生混乱和无秩序；所以上帝确曾用政府来约束人们的偏私和暴力。"[①] 政府建构公共性是以其所掌握的、以合法使用暴力为后盾的公共权力为基础的，而这种公共权力如果运作失当，就容易成为压抑个人自主性、能动性以及社会活力的力量，从而对个人、市场组织和社会组织公共性的生长产生消极影响。同时，政府管理机关越臃肿，公共性就会越片面，就会产生各种各样的问题，因而需要另外一种非权力性基

---

① 〔英〕洛克：《政府论（下篇）——论政府的真正起源、范围和目的》，叶启芳、瞿菊农译，商务印书馆，1996，第10页。

础的公共性。①

　　社会组织公共性不同于个人公共性、市场组织公共性和政府组织公共性，具有自身特殊的属性（见图 2－1）。社会组织公共性相对于个人公共性而言，是一种组织形态的公共性。社会组织是个人公共性提升的中间性组织载体或者说具体场所，具有相对于个人而言的更为强大的公共性建构力量。社会组织公共性相对于市场组织公共性而言，是一种常态化的公共性。社会组织不同于市场组织的最重要特征，在于社会组织受到"非分配约束"②，不以营利为目的，当然这并不排斥社会组织成员为了实现劳动力再生产而对正当薪酬的获取。社会组织自始至终以"公共目的"为组织生存和发展的价值追求，因而社会组织从本质上而言就是一种以建构公共性为价值取向的公共组织。社会组织公共性相对于政府组织公共性而言，是一种非权力性基础的公共性。社会组织不拥有以合法使用暴力为后盾的公共权力，社会组织建构公共性依赖的是自愿结社、自愿支援等非权力性的力量。正是基于此，社会组织与政府组织建构公共性的行为即便是指向同样的对象并具有同样的效果，其行为性格从根本上也是不同的。通过上述比较，社会组织公共性可以描述为一种组织形态的、常态化的、非权力性基础的公共性。也就是说，社会组织公共性具有组织性、常态化和非权力性

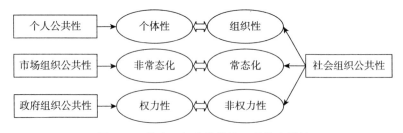

图 2－1　社会组织公共性的三种基本属性

---

① 参见〔日〕今田高俊《从社会学观点看公私问题——支援与公共性》，载〔日〕佐佐木毅、〔韩〕金泰昌主编《社会科学中的公私问题》，刘荣、钱昕怡译，人民出版社，2009，第 55～62 页。

② 所谓"非分配约束"，指的就是社会组织不能把所获得的净收入在理事、管理人员以及其他组织成员之间进行分配。参见 H. B. Hansmann, "The Role of Nonprofit Enterprise," *The Yale Law Journal*, Vol. 89, No. 5, 1980, pp. 835－901。

三种基本属性，同时也正是这三种基本属性决定了社会组织公共性生长的重要时代价值。

（三）社会组织公共性的两种基本形态

如前所述，社会组织公共性关注的是社会组织作为主体而建构公共性的功能问题，可以通俗而简单地界定为社会组织成员通过组织化的行动所体现出来的"为大家好"的性质。那么，社会组织的行动是如何与"大家"发生关系的？或者说，社会组织"为大家好"的公共性究竟是如何体现的？这是我们在理解社会组织公共性内涵时需要进一步把握的问题。

阿伦特在对古希腊城邦型公共性的研究中指出，公共性是通过"行动"①和"语言"的方式建构起来的。②这就意味着，事实上存在两种基本形态的公共性：建构在"行动"基础之上的实践形态的公共性和建构在"语言"基础之上的言语形态的公共性。哈贝马斯也指出了这两种形态的公共性，认为作为古希腊城邦型公共性体现的公共领域既建立在对谈之上，又建立在共同活动（实践）之上。③但是，由于古希腊城邦型公共性的特殊属性，无论是阿伦特还是哈贝马斯，更多地强调的都是言语形态的公共性，这也构成了西方学者对公共性研究的基本思维倾向。"在欧美世界中，自阿伦特、哈贝马斯以来，公共性多是作为政治、社会理论的用词而被使用，是指作为公共言论的空间，或是形成公论的市民生活领域。"④相比较而言，东亚学者基于东亚文化圈的特殊性，在理解公共性上虽然也受到西方言语形态的公共性的深刻影响，但相对于西方学者而言把实践形态的公共性放在了更为重要的位置。日本学者今田高俊通过对志愿者集团和非营利组织

---

① 汉娜·阿伦特在《人的条件》一书中，把人的行为分为"劳动""工作""行动"三种。她认为，"劳动"和"工作"属于经济活动，是私人领域中的行为，而参加与前两者相区别的"行动"，则是参与公共性的行为。具体参见〔美〕汉娜·阿伦特《人的条件》，竺乾威等译，上海人民出版社，1999。

② 参见〔美〕汉娜·阿伦特《人的条件》，竺乾威等译，上海人民出版社，1999，第20页。

③ 〔德〕哈贝马斯：《公共领域的结构转型》，曹卫东等译，学林出版社，1999，第3页。

④ 田毅鹏：《东亚"新公共性"的构建及其限制——以中日两国为中心》，《吉林大学社会科学学报》2005年第6期。

的考察，明确提出公共性包括实践系谱的公共性和言论系谱的公共性两种基本形态，认为从阿伦特经过哈贝马斯到梅鲁西的有关公共性的讨论，是公共舆论和讨论等言论系谱的公共性，而由支援活动开拓出来的公共性，则是实践系谱的公共性。① 同时，今田高俊还指出，对于志愿者集团和非营利组织而言，需要考虑实践系谱和言论系谱这样两层的公共空间，实践和言论两个方面应该保持平衡。② 基于今田高俊的观点，社会组织公共性包括实践系谱的公共性和言论系谱的公共性两种基本形态。从实践系谱的公共性来看，社会组织公共性体现为社会组织的公共服务提供功能，这种公共服务提供是一种宽泛意义上的界定，包括一切可以直接增进社会福利的实践行为。在此所讲的社会福利，亦是一种宽泛意义上的界定，既包括物质层面的或有形的社会福利，也包括精神层面的或无形的社会福利，社会信任、互惠规范、合作网络的社会资本的增进属于在此所讲的社会福利增进的范畴。社会组织可以充当公共服务的直接提供者，弥补政府组织在公共服务提供上的不足、市场组织在公共服务提供上的失灵以及传统家族组织在公共服务提供上的衰竭，从而达到直接增进社会福利的目的。从言论系谱的公共性来看，社会组织公共性体现为社会组织的公共言论生产功能，这种公共言论生产可以是为某些社会群体的利益代言或者说反映利益诉求，也可以是就某些公共议题发表自己的意见、看法或建议。社会组织的公共言论生产，有助于畅通社会自下而上的民意传输，打造国家与社会之间双向性平衡沟通的"双轨政治"③ 格局。

可见，社会组织公共性具体体现在社会组织的公共服务提供功能和公

---

① 参见〔日〕今田高俊《从社会学观点看公私问题——支援与公共性》，载〔日〕佐佐木毅、〔韩〕金泰昌主编《社会科学中的公私问题》，刘荣、钱昕怡译，人民出版社 2009 年版，第 60 页。

② 参见〔日〕今田高俊《从社会学观点看公私问题——支援与公共性》，载〔日〕佐佐木毅、〔韩〕金泰昌主编《社会科学中的公私问题》，刘荣、钱昕怡译，人民出版社 2009 年版，第 60~61 页。

③ "双轨政治"是费孝通提出的概念。费孝通认为："政治体系是不可能在一根从上向下的单轨上发展起来的。在任何政治体系下，人民的意见都不可能被完全忽视。这意味着必须有某种方式的从下向上的平行轨道。一个完善的体系必须保证这样的'双轨'。"费孝通：《中国绅士》，中国社会科学出版社，2006，第 46 页。

共言论生产功能两个方面，因而社会组织公共性生长需要从这两个方面来予以考量。当然，这并不意味着所有的社会组织都需要具备这两个功能或者都需要在这两个功能上实现平衡性发展。不同的社会组织由于宗旨、使命和目标的不同，会在这两个功能的发展上存在差异，有些社会组织会偏向甚至专注于公共服务的提供，有些社会组织会偏向甚至专注于公共言论的生产。正是缘于此，萨拉蒙等学者把国际非营利组织分类为基本上是服务性功能（含教育和研究、社区发展和住房、健康和社会服务）的组织和更具"表达"功能（含公民和倡导；艺术、文化和娱乐；环境保护；工商、劳动力和行业代表）的组织。[①] 但尽管如此，从一个国家或地区的整体层面而言，公共服务提供和公共言论生产都是社会组织需要开拓的公共空间，社会组织公共性生长应该在这两个方面实现协调性的发展。

三 社会组织公共性的生长逻辑

以上从概念、属性和形态三个层面叙述了社会组织公共性的基本内涵，接下来需要探讨的就是社会组织公共性的生长问题。在当代情境中，社会组织公共性的持续、健康而有活力的生长，究竟遵循的是一种什么样的基本逻辑？

日本学者金子勇指出："NPO 组织本身的原理可能不是公共性，而是共同的东西，NPO 只有以共同性为基轴才能展开活动。基于共同性而成立的 NPO 所具有的社会功能是公共性，应该把两者分开来理解。就是说'新的公共性'的担负者 NPO 在结构上是以共同性为基轴的。"[②] 同时，他又指出，有活力的共同体肯定会看到"个人"，创造"共同性"的是"个人"。[③] 笔者赞同金子勇的这样一个观点，认为社会组织公共性生长，遵循着一种

---

① 参见〔美〕萨拉蒙等《全球公民社会——非营利部门国际指数》，陈一梅等译，北京大学出版社，2007，第 15 页。

② 〔日〕佐佐木毅、〔韩〕金泰昌：《中间团体开创的公共性》，王伟译，人民出版社，2009，第 33 页。

③ 参见〔日〕佐佐木毅、〔韩〕金泰昌《中间团体开创的公共性》，王伟译，人民出版社，2009，第 33 页。

"个人→共同性→公共性"的基本逻辑（见图 2 - 2），亦即社会组织"共同性"是由社会组织中的"个人"所创造的，而社会组织"公共性"是在社会组织"共同性"的基础之上生长起来的。在此所述的"共同性"与"公共性"，是两个既密切关联但又有区别的概念。"共同性"关注的是社会组织的结构问题，或者说社会组织共同体的形成和运转层面的问题；而"公共性"关注的是社会组织的功能问题，或者说社会组织的行动与"大家"之间关系层面的问题。这就是说，"共同性"与"公共性"之间事实上是一种结构与功能的关系，"公共性"离不开"共同性"，"公共性"需要以"共同性"为基础①；"共同性"是直接通往"公共性"的前一个阶段，而"共同性"的创造者是"个人"。需要指出的是，"公共性"与"共同性"之间的边界其实并不是非常清晰的，但是这样一种区分对于理解社会组织公共性生长，进而更为深入地探讨社会组织公共性生长的问题是必要而重要的。

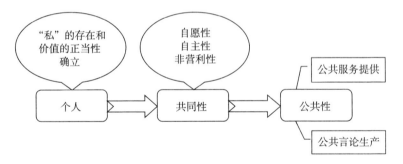

图 2 - 2　社会组织公共性的生长逻辑

社会组织公共性生长的"个人→共同性→公共性"的基本逻辑，清晰地展现出了社会组织公共性的生长原点是"个人"。而现实中存在的个人，除非有像圣人那样的特别人物，否则就不可能有完全无"私"的"公"。正是基于此，韩国学者金泰昌提出了"活私开公"的理论，"不否定每个人的'私'的动机、利害、兴趣、志向、意图等等，并活用它们开拓'公'"。②

---

① 参见唐文玉《国家介入与社会组织公共性生长——基于 J 街道的经验分析》，《学习与实践》2011 年第 4 期。

② 〔日〕佐佐木毅、〔韩〕金泰昌：《中间团体开创的公共性》，王伟译，人民出版社，2009，第 27 页。

金泰昌的"活私开公"理论，其基础就是承认个人具有"私"的现实，是一种在"私"的行为中发现公共性契机的理论。今田高俊也强调，现代社会不以个人为前提来考虑公共性毫无意义，应该考虑更贴近生活的公共性。① 所以，对于社会组织而言，社会组织"为大家好"的公共性生长，不能否定或排斥社会组织成员"为自己好"的正当权利诉求；相反，只有通过"为自己好"的正当权利诉求的对话和调整，"为大家好"的正当性才能得到普遍的认可和接受，并展现出持续的生机和活力。

正是由于社会组织公共性的生长原点是"个人"，而个人又是具有"私"的动机、意志和要求的，所以社会组织公共性的健康、持续而有活力的生长，需要注重对"私"的存在和价值的正当性确立。在中国以往国家主义公共性形态下，"私"被认为是"恶"的东西，而摆脱"私"则是"善"的行为，强调通过抑制"私"的动机、意志和要求来开拓公共性。"私"的存在和价值得不到正当性的确立，从而压抑了个人的自主性和能动性，由此而破坏了社会形态的"公"的基础。多元主义公共性是对国家主义公共性的否定，它强调社会形态的"公"的重新确立，于是现代性的社会组织成为公共性的重要建构主体。而社会组织公共性的健康、持续而有活力的生长，必然需要注重激发其原点的动力，尊重个人"私"的权利，使个人"私"的存在和价值得到正当性确立，使个人成为自律判断的当事人。在"公"与"私"的关系中，不能一味偏向于"公"而侵犯"私"，同时也需要钳制"私"对"公"的侵蚀，实现"公"与"私"之间的协同共进、相互联动而又界限分明，否则社会组织公共性的生长就失去了生机和活力的源泉。

社会组织公共性生长的"个人→共同性→公共性"的基本逻辑，也清晰地展现出了社会组织公共性的生长基轴是"共同性"。社会组织公共性是在社会组织共同性的基础之上生长起来的，离开了社会组织共同性，社会组织公共性也就无从谈起。同时，需要强调的是，社会组织共同性是由个

---

① 参见〔日〕今田高俊《从社会学观点看公私问题——支援与公共性》，刘荣、钱昕怡译，〔日〕佐佐木毅、〔韩〕金泰昌主编《社会科学中的公私问题》，人民出版社，2009，第61页。

人创造出来的，而个人创造共同性难以脱离"私"的动机、利害、兴趣、意图、志向等方面的参加，其中尤为突出和重要的是个人自我实现的"私"的参加。"自我实现虽然还是目的，但其状况已从物质水准改变为后物质的水准。正因为如此，虽然是私的行为，却能与他人发生关系。"① 所以，社会组织共同性在某种程度上可以视为"私"的相互联合，但尽管是"私"的相互联合却具有利他性的潜能，由此而构筑了社会组织作为主体而开拓公共性的契机。正是基于此，社会组织才可以看作个人由"私"向"公"发展过程中的中间性组织载体或者说具体场所。

对于社会组织而言，高质量的共同性，一方面需要充分体现相互联合的个人的"私"的动机、意志和要求，因而应具有自愿性和自主性的特征；另一方面需要区别于市场组织共同性，亦即不因营利的"私"的动机而生成，不以营利的"私"为目标而运转，因而应具有非营利性的特征。这就是说，高质量的社会组织共同性，应体现出自愿性、自主性和非营利性的特征。所谓自愿性，指的是社会组织共同体的生成是基于组织成员自愿的联合，而不是在外部其他力量的驱使和胁迫下的非自愿被动联合。所谓自主性，指的是社会组织共同体的运转能够体现出组织成员认可的自主意志，而不会受到外部其他力量的非正当的干预和控制。自愿性和自主性的特征，在当代社会主要是针对政府权力的过度或不适当介入而言的，尤其是对于依然存在国家主义惯性的当代中国更是如此。所谓非营利性，指的是社会组织共同体的生成和运作需要脱离个人营利的"私"的参与，亦即不以追求利润分配为目的，当然这并不排斥组织成员为了实现劳动力再生产而对于正当薪酬的获取。显然，非营利性是为了把社会组织共同性与市场组织共同性区分开来，从而体现社会组织的主体性。社会组织共同性越符合自愿性、自主性和非营利性的特征，其质量就越高，越有利于社会组织开拓出具有持续生机和活力的"为大家好"的公共性。正是由于社会组织公共性的生长基轴是"共同性"，且高质量的共同性应该体现出自愿性、自主性

---

① 〔日〕今田高俊：《从社会学观点看公私问题——支援与公共性》，刘荣、钱昕怡译，载〔日〕佐佐木毅、〔韩〕金泰昌主编《社会科学中的公私问题》，人民出版社，2009，第58页。

和非营利性的特征，所以社会组织公共性的健康、持续而有活力的生长，需要注重为具有自愿性、自主性和非营利性特征的社会组织共同体的生成和运转创造良好的条件和环境。

社会组织公共性生长的"个人→共同性→公共性"的基本逻辑，还清晰地展现了"个人"和"共同性"本身并不是"公共性"。"个人"是社会组织公共性的生长原点，"共同性"是社会组织公共性的生长基轴，但"个人"和"共同性"不能直接与"公共性"画等号，而只不过是"公共性"得以展现的前提条件。如前所述，社会组织公共性包括实践系谱的公共性和言论系谱的公共性两种基本形态，具体体现为社会组织的公共服务提供功能和公共言论生产功能。这就是说，社会组织公共性最终需要通过社会组织的公共服务提供功能和公共言论生产功能展现出来，因而社会组织公共性的健康、持续而有活力的生长，还需要注重在功能层面促进社会组织的公共服务提供和公共言论生产。

四　本章小结

公共性是与私密性相对的一个概念，它发生于超家庭的群体之中，具有一种连接个人与群体之间纽带的性质。本书所述的社会组织公共性是从公共性建构主体的角度来理解的，是相对于个人公共性、市场组织公共性和政府组织公共性而言的，关注的是社会组织作为主体而建构公共性的功能问题，可以通俗而简单地界定为社会组织成员通过组织化的行动所体现出来的"为大家好"的性质，具有组织性、常态化和非权力性三个方面的基本属性。从实践系谱的公共性和言论系谱的公共性两种公共性的基本形态来看，社会组织公共性体现为社会组织的公共服务提供功能和公共言论生产功能，因而社会组织公共性生长需要从这两个方面来予以考量。社会组织公共性遵循着"个人→共同性→公共性"的基本生长逻辑，亦即"个人"创造"共同性"，基于"共同性"而开拓"公共性"。

第三章

当代中国社会组织公共性的生长现状

改革开放推动了中国从国家主义公共性向多元主义公共性的转型，社会逐渐地从国家中释放出来并开始不断地自我扩张。正是在中国多元主义公共性的形成和发展过程中，社会组织走上了历史舞台，日益成为公共性的重要建构者，构成了萨拉蒙所说的"全球结社革命"[1] 的重要组成部分。[2] 但是，从目前来看，中国社会组织公共性生长还处在初步的阶段，社会组织公共性还存在诸多明显的不足。本章首先梳理改革开放以来中国社会组织公共性的生长轨迹和现实进展，然后揭示当前中国社会组织公共性存在的三大明显不足。

一 改革开放以来中国社会组织公共性的生长

中国是一个缺少非宗族基础社会结社传统的国家。[3] "1949 年以前，中

---

[1] 参见 L. M. Salamon, "The Rise of the Nonprofit Sector," *Foreign Affairs*, Vol. 73, No. 4, 1994, pp. 109 – 122。

[2] 参见 S. Wang & J. He, "Associational Revolution in China: Mapping the Landscapes," *Korea Observer*, Vol. 35, No. 3, 2004, pp. 485 – 532。

[3] 参见 C. Hsu, "'Rehabilitating Charity' in China: The Case of Project Hope and the Rise of Non-Profit Organizations," *Journal of Civil Society*, Vol. 4, No. 2, 2008, pp. 81 – 96。

国社会福利的供给主要依赖的是传统宗族组织和政府系统。尽管 19 世纪晚期以来伴随着现代性在中国的建构，中国也出现了一些具有现代性质的社会组织，但是这些社会组织从来没有构成中国社会的显性特征，并且在 20 世纪 50 年代以后至 80 年代以前几乎完全消失。"[1] 中华人民共和国成立之后，国家权威吞噬了社会权威，国家主义公共性建构了起来，原有的民间性社会组织要么停止了活动、要么被吸纳入党政体制，政府包揽了一切公共服务提供的职能；同时，具有利益代表性的社会组织也由政府出面成立，实行政府化的管理。[2] 这样一种现象，一直持续到改革开放。改革开放以后的中国，伴随着国家主义公共性向多元主义公共性的转型，社会组织开始蓬勃地发展起来，并日益扮演了公共性建构的重要角色。

有学者认为，改革开放以来，中国社会组织在起伏中前行，在曲折中发展，经历了"复苏发展期""曲折发展期""稳定发展期""增速发展期"四个阶段。[3] 这样一种阶段划分在学术界并不是广泛性的共识，但改革开放以来中国社会组织迅速前行和发展的主旋律却是有目共睹、共同赞誉的。依据民政部发布的《2015 年社会服务发展统计公报》，截至 2015 年底，全国共有社会组织 66.2 万个，其中，社会团体 32.9 万个，基金会 4784 个，民办非企业单位 32.9 万个；吸纳社会各类人员就业 734.8 万人；形成固定资产 2311.1 亿元；接收各类社会捐赠 610.3 亿元。[4] 表 3 - 1 呈现了 1978 ~ 2004 年在民政部门登记注册的社会组织数量，图 3 - 1 呈现了 2008 ~ 2015 年在民政部门登记注册的社会组织数量的发展趋势。通过表 3 - 1 和图 3 - 1 可以看出，改革开放以来，在民政部门登记注册的社会组织在数量上实现了爆炸性的增长，从 1988 年的 4446 个增长到了 2015 年的 66.2 万个。有学者还指出，在民政部门登记注册的社会组织还只是整个第三部门的冰山一角，在第三部门中还存在大量未登记注册的社会组织，它们的数量或许远

---

① 唐文玉：《如何审视中国社会组织与政府关系》，《公共行政评论》2012 年第 4 期。
② 参见国务院发展研究中心社会发展研究部课题组《社会组织建设：现实、挑战与前景》，中国发展出版社，2011，第 3 页。
③ 参见马庆钰、廖鸿《中国社会组织发展战略》，社会科学文献出版社，2015，第 52 ~ 63 页。
④ 民政部：《2015 年社会服务发展统计公报》，民政部门户网站，http://www.mca.gov.cn/article/sj/tjgb/201607/20160700001136.shtml，2016 年 7 月 11 日。

远超过了登记注册的社会组织数量。①

表 3 - 1　1978 ~ 2004 年在民政部门登记注册的社会组织数量

单位：个

年份	社会组织合计	社会团体	民办非企业单位	基金会
1978 ~ 1987	-	-	-	-
1988	4446	4446	-	-
1989	4544	4544	-	-
1990	10855	10855	-	-
1991	82814	82814	-	-
1992	154502	154502	-	-
1993	167506	167506	-	-
1994	174060	174060	-	-
1995	180583	180583	-	-
1996	184821	184821	-	-
1997	181318	181318	-	-
1998	165600	165600	-	-
1999	142665	136764	5901	-
2000	153322	130668	22654	-
2001	210939	128805	82134	-
2002	244509	133297	111212	-
2003	266612	141167	124491	954
2004	289432	153359	135181	892

注：因统一的注册登记始于 1988 年，故 1978 ~ 1987 年的数据缺失；2002 年以前的基金会含在社会团体内。

资料来源：民政部《民间组织历年统计数据》，中国社会组织网，http：// www. chinanpo. gov. cn/2201/20151/yjzlkindex. html，最后访问日期：2017 年 6 月 21 日。

伴随着社会组织数量的迅速增长，社会组织日益成为当代中国社会建设的重要主体，尤其是日益广泛地参与到了教育、科技、文化、卫生、扶

① 参见康晓光《依附式发展的第三部门——第三部门的环境分析》，康晓光、冯利主编《中国第三部门观察报告 2011》，社会科学文献出版社，2011，第 14 页。

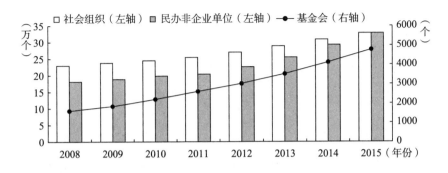

图 3-1　2008~2015 年在民政部门登记注册的社会组织数量发展趋势

资料来源：民政部，《2015 年社会服务发展统计公报》，民政部门户网站，http://www.mca.gov.cn/article/sj/tjgb/201607/20160700001136.shtml，最后访问日期：2017 年 6 月 21 日。

贫、环保等公共服务提供领域中，不断展现出了其建构公共性的力量。民政部副部长顾朝曦 2014 年撰文指出："社会组织在提供公共服务，包括提供人才培训、医疗卫生、老龄工作、文化教育、科学研究等方面具有天然优势。我国现有民办幼儿园 12.46 万所，占全国幼儿园总数的 68.8%；民办高校 707 所，占全国高校总数的 25.3%，在校学生 533 万人，占全国高校在校学生总数的 16.9%；卫生类民办非企业单位 2.1 万个，占全国卫生机构总数的 2.2%。这些民办机构体制灵活，涉及面广，贴近群众，不仅拓宽了公共服务范围，丰富了公共服务内容，弥补了政府公共服务的不足，而且从体制上改进了公共服务供给方式，降低了行政成本。"[1] 社会组织在慈善公益领域也是硕果累累，产生了广泛的社会影响。"中国青少年发展基金会开展的希望工程，成立以来累计募款 56.7 亿元，建设希望小学 15940 所。2008 年赈灾期间，全国公益慈善组织接收民间捐赠、调配公益资源达 1000 亿元，有效地配合了政府的赈灾行动。近几年，社会组织平均每年募集资金 250 多亿元，吸引、凝聚了 2500 万名志愿者活跃在公益慈善领域，几百万名志愿者在汶川、玉树、舟曲等抗震救灾中做出了贡献。"[2] 从上海的情况来看，2014 年上海市社会组织共开展公益活动项目 3.15 万个，举办各类

---

[1]　顾朝曦：《充分发挥社会组织在城市治理中的积极作用》，《中国社会组织》2014 年第 11 期。
[2]　马庆钰、廖鸿：《中国社会组织发展战略》，社会科学文献出版社，2015，第 66~67 页。

公益活动 38.85 万次。

社会组织除了广泛地参与到公共服务提供的领域之外，在公共言论生产领域，亦即利益诉求反映、公共理念传播、公共议题讨论、公共舆论生产等言论性的领域中，也展现出了建构公共性的价值。有研究显示，中国的社团对各个领域的政策关心度比日韩的社团都高，且社团负责人对政府治理的关心度也较高①，省级、经济/产业类社团在政策倡导功能方面已经展现出了比较积极的功能。② 也有课题组通过调查发现，中国有不少社会组织，尤其是致力于环保的社会组织，把倡导（advocacy）看作其工作的一部分。同时，该课题组通过调查也指出，中国社会组织的"倡导"与西方国家话语中的"advocacy"存在比较大的区别，中国社会组织的倡导无论是在理念上还是在行动上，往往都不具有与政府的对抗性，而是强调改变人们的态度和行为，促进公众在教育和道德领域的进步，促进在社会工作各领域的合作，并且大多数中国社会组织都希望与政府建立密切和合作型的工作关系。③ 这样一种调查发现，与笔者对一些社会组织的实地调研发现是一致的，中国社会组织的倡导更多表现为一种建设性、合作性的倡导，同时很多社会组织不是把影响政府决策作为主要倡导目标，而是把促进全社会道德进步和行为改变作为主要倡导目标。

二　当前中国社会组织公共性不足的三种表现

改革开放以来，中国社会组织得到了迅速的发展，并日益展现出了其建构公共性的力量。但是，从整体上而言，当前中国社会组织公共性还存在诸多明显的不足，主要表现在以下三个方面。

① 参见〔日〕辻中丰等编著《比较视野中的中国社会团体与地方治理》，黄媚译，社会科学文献出版社，2016，第 55 页。
② 参见〔日〕辻中丰等编著《比较视野中的中国社会团体与地方治理》，黄媚译，社会科学文献出版社，2016，第 87 页。
③ 参见〔美〕韦克斯勒（R. Wexler）等《非政府组织倡导在中国的现状》，中国发展简报网，http://www.chinadevelopmentbrief.org.cn/news-13230.html，最后访问日期：2017 年 6 月 21 日。

（一）"组织外形化"与社会组织公共性迷失

"组织外形化"是田凯在对中国慈善组织与政府关系的研究中所提出来的一个概念，描述的是组织形式与组织实际运作方式明显不一致的现象，亦即组织的"名"与"实"之间的相互背离。田凯指出："一个组织从名称、章程等公开宣称的形式上毫无疑问应该归为 A 类，但其实际运作方式却与 B 类组织相同或近似，那么我们就可以认为该组织存在着组织外形化现象。"① 在组织外形化发生的情况下，组织的"名"仅仅只是具有形式上的意义，是组织达成某种目标的合法性外衣，而这种目标是组织不便于或不能够通过与它的"实"相一致的"名"所达到的。就当前中国的社会组织而言，组织外形化是一个比较突出的现象，也就是说还存在比较多的"名"与"实"相背离的现象。这样一种现象使得名义上以社会组织作为主体而建构的公共性事实上迷失在了其他主体建构的公共性之中，失去了主体性上的实质意义。具体而言，当前中国社会组织的外形化表现在两个方面。

一是社会组织徒有其名，实质上是作为变形的政府组织而存在的。当前中国很多社会组织，其实是政府为了以社会组织的名义更广泛而具有合法性地获取以政府的名义而不便于或不能够获取的资源，或者为了更好地实现政府对社会的治理而形式转换或主动建构的产物。这些社会组织以"社会组织"为名，而实质上是变形的政府组织，以一种类似于政府组织的逻辑而运作，充当的是政府的附属组织、延伸组织甚至是职能部门的角色。这样一种现象，表明社会组织相对于政府组织而言的主体性缺失，社会组织"社会性"的根本属性让位于"政府性"，在形式上以社会组织为主体而建构的公共性实质上则相当于政府组织建构的公共性，不能真正体现公共性建构的社会主体色彩，亦不能彰显社会组织相对于政府组织而言在公共性建构上的优越性，比如积极寻求资源谋求组织的发展、对社会需求的快速而有效地回应等，社会组织公共性迷失在了政府组织公共性之中。

---

① 田凯：《组织外形化：非协调约束下的组织运作——一个研究中国慈善组织与政府关系的理论框架》，《社会学研究》2004 年第 4 期。

典型案例：

　　R组织为在上海市C区民政部门正式登记注册的民办非企业单位，组织注册登记资金由C区J街道垫付，秘书长（即组织负责人）为J街道退休干部，其聘用工资由J街道财政支出，其他成员则由J街道党员服务中心工作人员兼任，办公场所也设置在党员服务中心，事实上平时也就秘书长一个人负责处理组织相关事务。J街道成立R组织的目的，在于更好地管理区域内以J街道为业务主管单位的正式登记注册的社会组织和未正式登记注册的草根社会组织（2013年6月笔者在对R组织进行实地调研的时候，以J街道为业务主管单位的正式登记注册的社会组织数量共为14个，包括12个民办非企业单位和2个社会团体；未正式登记注册的草根社会组织数量共为165个，包括141个群众活动团队和24个志愿者工作室），以及支持区域内未正式登记注册的草根社会组织发展。所以，R组织把自身定位为"枢纽型社会组织"，其功能包括两个方面。一是管理区域内的社会组织。J街道把作为区域内社会组织业务主管单位的职责和任务交给R组织来承担，这些职责和任务包括年检和预警；同时，J街道也把对区域内未正式登记注册的草根社会组织的管理事务交给R组织来承担，包括备案和起草管理文件，以及在街道发文之后依据管理文件对草根社会组织进行规范和管理。二是支持区域内未正式登记注册的草根社会组织发展。J街道成立了R组织之后，能够以R组织的名义接受企业捐赠和获取C区政府购买服务的资金支持，并用这些资金来支持区域内未正式登记注册的草根社会组织发展，以提升社区的治理水平。显然，R组织虽然名义上是民办非企业单位，但实质上具有明显的"政府性"色彩，充当的是J街道的附属组织角色。同时，R组织在运作上也类似于政府组织的逻辑，缺乏积极寻求资源以谋求组织发展的动力。比如，在政府购买服务的资金获取上，R组织只申请标的在20万元以下的政府购买服务的资金，因为依据C区政府的规定，申请标的在20万元以上的政府购买服务的资金，需要走比较严格、复杂而规范的招投标程序，R组织因而缺乏争取的动力。对此，R 组织秘书长这样说道："申请来的钱不是我们自己的，我们还是要给他们（群众活动团队和志愿者工作室）花的，我们不需要招投标。"

资料来源：笔者 2013 年 6 月实地调研。

　　二是社会组织徒具其形，实质上是作为变相的市场组织而存在。社会组织不同于市场组织的最重要特征，在于社会组织的"非利润分配性"。"即从目的上讲，它们主要不是商业性的，董事、股东和经理并不从机构利润中分配红利。公民社会组织可以在运营过程中取得盈余，但所有盈余必须要重新投资于机构目标的事业中。"① 社会组织需要服务于"公共目的"，而不以获取利润分配为目标，这也就是通常所说"非营利性"。然而，当前中国有些社会组织虽然以社会组织为名，但实质上以"获利"为支配性动机，它们披着社会组织的合法性外衣大肆追逐基于民众自愿捐助和政府的政策优惠所带来的经济利益，成为变相的市场组织。这样一种现象，表明社会组织区别于市场组织的主体性缺失，社会组织"社会性"的根本属性让位于"市场性"，形式上以社会组织为主体而建构的公共性实质上则相当于市场组织建构的公共性。公共性成为这些社会组织追逐物质利益的副产品，社会组织公共性迷失在了市场组织公共性之中。

　　当前中国社会组织徒有其形而实为变相的市场组织的问题，具体表现在三个方面：一是成立动机不纯。一些社会组织成立的初始动机就是"获利"而不是追求"公"的价值，缺乏基本的公共理念。有对民办非企业单位的调查显示，89.91% 的被调查对象认为应该允许合理回报，而近 50% 的被调查对象认为"盈利禁止分红"和"不得从事营利性活动"的规定是不合理的。② 二是资金运作失范。近些年来，一些社会组织出现的侵吞善款、挪用资金、账目不清、弄虚作假、变相分红等"丑闻"被媒体频频报道，

---

① 〔美〕萨拉蒙等：《全球公民社会——非营利部门国际指数》，陈一梅等译，北京大学出版社，2007，第 12 页。
② 参见国务院发展研究中心社会发展研究部课题组《社会组织建设：现实、挑战与前景》，中国发展出版社，2011，第 13 页。

揭示了当前中国社会组织的资金运作失范是一种值得关注的现象。三是隐性利益输送。所谓隐性利益输送，指的是向具有私利关系的组织或者个人输送资金或资源。比如，笔者在调研过程中了解到，有基金会出钱资助亲朋好友出国留学。

（二）"弱正外部性"与社会组织公共性羸弱

尽管外部性首先是作为一个经济学的概念而应用的，但在经济学之外也得到了认可并被广泛使用，从而成为一个超越经济学的一般意义上的概念。"外部性问题具有这样的特征：人们能够参与一些影响整个社会其他成员福利的活动。只要人们的行为不受限制，可以不顾及其行为对他人产生的影响，那么很明显，整个结果从所有受到影响的人们的角度来看可能是不完备的。"① 如果人们的行为能够给他人带来利益而不需要受益者付出相应的成本，那么这样的外部性属于正外部性；反之，如果人们的行为给他人造成损失却没有为此而承担相应的责任，那么这样的外部性就属于负外部性。从外部性的视角来考察公共性，公共性其实是一种正外部性，而社会组织公共性事实上就是社会组织的行为对于增进社会福利的正外部性。从当前中国的现实情况来看，社会组织的正外部性生产功能从整体上而言还比较小，这是当前中国社会组织公共性不足的主要表现之一。具体而言，当前中国社会组织的"弱正外部性"主要表现在两个方面。

一是当前中国很多社会组织存在比较明显的"业余主义"现象。这种"业余主义"现象，一方面表现为社会组织缺乏具有专业服务技能的职业人员和志愿工作者的参与，从而呈现出专业服务能力比较弱；另一方面表现为社会组织缺乏具有与外部民众进行携手互动的新型职业人员的参与，从而呈现出社会资源动员和整合能力比较弱。萨拉蒙指出，"业余主义"是志愿失败一个大的方面。② 所以，一些东亚学者强调，社会组织需要成为新职

① 〔美〕詹姆斯·M. 布坎南、〔美〕罗杰·D. 康格尔顿：《原则政治，而非利益政治：通向非歧视性民主》，张定淮、何志平译，社会科学文献出版社，2004，第89页。

② 参见 L. M. Salamon, "Rethinking Public Management: Third-Party Government and the Changing Forms of Government Action,", *Public Policy*, Vol. 29, No. 3, 1981, pp. 255 – 275。

业组织（new professional organization），这样才能更容易与"新的公共性"结合起来。① 笔者在调研过程中发现，当前一些社会组织事实上成为退休人员、老年人员、失业人员、低素质的非专业技能人员集聚的场所。

案例1：

L组织是一家专门从事社会矛盾调解且具有信访代理功能的民办非企业单位，共有5名工作人员，其中1人具有事业编制，其他4人均为退休人员，从年龄结构来看，最大的77岁，最小的55岁。L组织曾经聘用一名华东政法大学的具有专业素养的大学生，但由于待遇问题而辞职。"我们用不起青年，用不了大学生，留不住人。……要发展，我们不能长期用退休的，但现在只能用退休的。"L组织创始人这样说道。

资料来源：笔者2013年7月实地调研。

案例2：

H组织是一家专门从事社区居家养护的民办非企业单位，组织有正式员工9名，提供服务的是招募过来的232名志愿者。这些志愿者名为志愿者，事实上是按小时计算报酬的，尽管报酬比通过市场上获取的少一点，但他们愿意做。而之所以愿意做，其实并不是志愿精神或者公益精神在激励他们做，而是他们都是社区中50岁以上的失业人群，在市场上找不到合适的工作。对此，H组织负责人说："我不是招募到一群志愿者，而是解决了一大批人的就业问题。"

资料来源：笔者2014年3月实地调研。

案例3：

K组织是一家专门从事养老服务的民办非企业单位，有23个护理

---

① 参见〔日〕佐佐木毅、〔韩〕金泰昌《中间团体开创的公共性》，王伟译，人民出版社，2009，第35～46页。

员、1 个医生和 2 个护士。护理员大多是外地农村过来的，年龄在 45 ~
55 岁，医生和护士都是退休人员。对此，K 组织负责人说："我们进来
的人员素质不高，门槛低，收入低，进来的都是农民工，都是种田的
人，文化水平低，上层次比较难，心理护理没办法做，叫他们做好很
难。参加行业协会的培训，对他们也没有什么用，（只不过是）拿了个
证书回来。我们自己也平时开会教育，寓教于乐。人都留不住。"

资料来源：笔者 2013 年 6 月实地调研。

二是当前中国很多社会组织存在闭塞和自我满足的特征。前文已述，
社会组织公共性可以简单而通俗地界定为社会组织成员通过组织化的行动
所体现出来的"为大家好"的性质。在此所述的"大家"，是一个排除"家
庭"在外的具有伸缩性的"群体"概念，但就公共性的程度而言，在其他
条件同等的前提下，社会组织所涉及的"大家"范围越广，社会组织公共
性就越强。而从当前中国的现实情况来看，大量的社会组织属于伙伴型组
织或者说朋友俱乐部，尤其是"快速发展的社区层面的社会组织，大多停
留于'自娱自乐'层次，或仅提供'俱乐部产品'"。① 也就是说，当前中
国很多社会组织所涉及的"大家"范围还比较狭隘，具有"弱正外部性"
的特点。

（三）"偏向性生长"与社会组织公共性失调

如前所述，社会组织公共性包括实践系谱的公共性和言论系谱的公共
性两种基本形态，具体体现为社会组织的公共服务提供功能和公共言论生
产功能。对于社会组织公共性生长而言，这两个方面都非常重要，需要注
重保持两者之间相对的平衡，实现社会组织公共服务提供功能和公共言论
生产功能的协调性生长。然而，从当前中国的现实情况来看，社会组织公
共性生长呈现出了较为明显的非协调性的"偏向性生长"格局，亦即社会
组织的公共服务提供功能相对而言得到了比较好的发展，而社会组织的公

---

① 李友梅等：《当代中国社会建设的公共性困境及其超越》，《中国社会科学》2012 年第 4 期。

共言论生产功能的发展则明显滞后。

中国的社会组织提供公共服务的功能比较强，而生产公共言论的功能比较弱，对此学术界已经达成比较广泛的共识。"日本利益团体比较研究项目"小组（简称 JIGS 研究项目小组）与北京大学研究团队合作，通过多国之间的跨国比较、中国三地（北京市、浙江省、黑龙江省）之间的跨地区比较以及两轮的跨年度比较，发现中国以市民为主体、提供公共服务的体系正在逐步形成，但是中国的社会组织在政策倡导功能方面比较弱，并认为这是当代中国持续、健康、稳定发展值得重视的一个问题。"如果政府的政策决策正确，需要达到的目标明确的话，社会组织只需跟随政府目标，关注如何提供公共服务就可以了。但是，一旦政府对问题的认识出现了偏差，或是在利益调整中无法做出准确的政策决策时，那么来自社会一方的监督和推动就具有非常重要的意义。同时，从提供公共服务、确保必要资源的观点来看，政策倡导功能也不容忽视。"[1] 康晓光的研究也指出，当前中国社会组织所发挥的功能，主要是服务社会、服务市场和服务政府，而在反抗市场暴政、参与公共政策、制约政府权力等方面所能发挥的功能却很小。[2]

需要指出的是，尽管当前中国社会组织的公共言论生产功能还比较弱，同时很多社会组织的公共言论生产是为了促进公众在教育领域和道德领域的进步而非影响政府决策，更不会促进政治变革[3]，但社会组织的公共言论生产功能依然会对政府的权力运作形成一种公共舆论的场，同时也确实存在一些对政府的施压性的行为。比如，一些环保组织通过积极的公共言论生产来影响政府决策；再如，一些社会组织为获取独立的法律地位和免税资格而努力地争取自主性。[4] 不过，这并不意味着社会组织的公共言论生产

---

① 〔日〕辻中丰等编著《比较视野中的中国社会团体与地方治理》，黄媚译，社会科学文献出版社，2016，第 33 页。

② 参见康晓光《依附式发展的第三部门——第三部门的环境分析》，载康晓光、冯利主编《中国第三部门观察报告（2011）》，社会科学文献出版社，2011，第 36 页。

③ 参见〔美〕韦克斯勒（R. Wexler）等《非政府组织倡导在中国的现状》，中国发展简报网，http：//www.chinadevelopmentbrief.org.cn/news-13230.html，最后访问日期：2017 年 6 月 21 日。

④ 参见 K. Chan, "Commentary on Hsu: Graduated Control and NGO Responses: Civil Society as Institutional Logic," *Journal of Civil Society*, Vol. 6, No. 3, 2010, pp. 301 – 306。

功能是作为政府的对立面而存在的。只要社会组织的公共言论生产没有超越法律和道德的边界，其对于政府的权力运作事实上具有矫正和完善的功能，会在多个方面支持政府权力的正常运转，提升民众对政府的认同度和支持度，并促进社会的良性治理。相反，如果社会组织具有公共言论生产的社会需求和内在动力，但缺少制度化的进行公共言论生产的权利、机会和载体，那么社会组织连接政府与民众之间的中介和桥梁的作用就不能得到充分、有序而有效的发挥，这不仅不利于推进国家治理体系和治理能力的现代化，同时还可能会导致社会组织通过非制度化的方式进行公共言论生产甚至直接走向政府的对立面，从而影响政治秩序和社会秩序的良性建构。所以，社会组织公共性的"偏向性生长"是当前中国社会组织公共性不足的主要表现之一，亦是当代中国现代化发展值得关注的一个问题。

三 本章小结

改革开放以来，伴随着中国公共性结构形态从国家主义公共性向多元主义公共性的转型，社会组织在数量上实现了爆炸式的增长，并在公共服务提供领域和公共言论生产领域日益展现了其公共性建构的力量，成为当代中国社会建设不可忽视的重要主体。但是，从目前来看，当前中国社会组织公共性还存在"组织外形化""弱正外部性""偏向性生长"三个方面的明显不足。"组织外形化"使得名义上以社会组织作为主体而建构的公共性事实上迷失了其他主体建构的公共性之中，失去了作为社会组织的主体性上的实质意义；"弱正外部性"意味着社会组织对于增进社会福利的生产功能还比较羸弱，民众对其感受度比较低；"偏向性生长"亦即社会组织两种基本形态的公共性在生长上出现了非协调性的现象，这既不利于国家治理现代化的推进，也不利于良性政治秩序和社会秩序的可持续建构。当前中国社会组织公共性所存在的这三个方面的明显不足，表明当前中国社会组织公共性生长还处在初步阶段，还有很大的发展空间。

第四章

当代中国政府与社会组织的关系审视

如前所述，改革开放以来中国社会组织在数量上实现了爆炸性增长，并日益展现了建构公共性的重要力量，但从整体上而言，当前中国社会组织公共性还存在"组织外形化""弱正外部性""偏向性生长"三个方面的明显不足。那么，改革开放以来中国社会组织公共性缘何会出现迅速生长，又为何会存在上述三个方面的明显不足，由于当代中国社会组织公共性生长发生在中国公共性结构形态从国家主义公共性向多元主义公共性转型的基本时代背景下，从而决定了改革开放以来中国政府与社会组织之间的关系格局是当代中国社会组织公共性生长及其存在不足的背后需要挖掘的深层次、关键性的结构性因素。关于当代中国政府与社会组织之间的关系，海内外诸多学者的研究形成了林林总总、多种多样的解释模式，这为本书的研究提供了重要的理论基础。本章首先概述海内外学者对当代中国政府与社会组织之间关系研究的六种具有影响力的解释模式，然后提炼出对当代中国政府与社会组织关系进行整体性理解的两个基本维度。

一　你进我退：市民社会与民营模式

市民社会（civil society）是海外中国研究话语中的"一项发展型事

业",关于这一主题的研究成果层出不穷。① 所谓市民社会,是一个颇具争议的概念,"它的含义极为不明确,以致很难被有效地适用"。② 不同的理论流派会提出不同的市民社会理论,但从既有的研究文献来看,在当代中国政府与社会组织关系的研究中,最具影响力的是自由多元主义的市民社会理论,其理论源流可以追溯到法国著名思想家托克维尔(Alexis de Tocqueville),强调的是社会组织相对于政府的独立性质和自主性质以及社会组织监督和约束政府权力的民主价值。

20 世纪 90 年代初期,海外一些学者认为,相对于政府而言的竞争性甚至是对抗性的市民社会正在中国出现,并将推动中国的民主化进程。③ 对此,有学者指出,越来越多的海外学者对 80 年代在中国兴起或重新出现的"市民社会"产生了研究兴趣,并且倾向于认为这是中国民主化的重要元素。④ 然而,这些早期把西方自由多元主义市民社会概念用于中国研究的海外学者,大多忽视了市民社会概念特殊的西方政治文化传统,而中国的政治文化传统显然区别于西方的政治文化传统。在中国语境中,"市民社会"的概念没有像在西方社会中那么重要的政治地位⑤,同时也很难在中国发现市民社会对抗政府的经验依据。为此,后续运用自由多元主义市民社会理论框架来研究中国政府与社会组织关系的学者,开始对市民社会的概念做出某种限定或修饰。

怀特(G. White)认为,市民社会概念有两个层面的基本理解,亦即社会层面的市民社会和政治层面的市民社会。他在承认政治层面的市民社会概念在中国研究中的适用性局限的同时,尝试使用社会层面的市民社会概念来研究当代中国政府与社会组织之间的关系。"通过使用社会层面的市民

---

① 参见张紧跟《从结构论争到行动分析:海外中国 NGO 研究述评》,《社会》2012 年第 3 期。

② 〔美〕罗威廉:《晚清帝国的"市民社会"问题》,邓正来、杨念群译,载黄宗智主编《中国研究的范式问题讨论》,社会科学文献出版社,2003,第 175 页。

③ 参见 T. B. Gold, "The Resurgence of Civil Society in China," *Journal of Democracy*, Vol. 1, No. 1, 1990, pp. 18 – 31; F. Wakeman, "The Civil Society and Public Sphere Debate: Western Reflections on Chinese Political Culture," *Modern China*, Vol. 19, No. 2, 1993, pp. 108 – 138。

④ 参见 T. Saich, "The Search for Civil Society and Democracy in China," *Current History*, Vol. 93, No. 584, 1994, pp. 260 – 264。

⑤ 参见梁治平《"民间"、"民间社会"和 CIVIL SOCIETY——CIVIL SOCIETY 概念再检讨》,《云南大学学报》(社会科学版)2003 年第 1 期。

社会概念，可以确定在中国存在一个强大的和正在成长的社会组织领域，尽管这一领域具有程度上的广泛差异，但是可以显示出市民社会的组织特征……行为上的志愿参与和自我调节以及相对于政府的自治和分离。"① 此外，针对当代中国政府与社会组织关系的特殊性，也开始出现一些其他的市民社会概念或称市民社会概念的变体。

自由多元主义市民社会理论，着眼于社会与国家的分离，造就了一种"市民社会独立于国家"甚至"市民社会对抗国家"的意象，似乎两者之间存在着互不相融、此消彼长式的关系。基于自由多元主义市民社会理论，当代中国政府与社会组织之间是一种相互竞争甚至相互对抗的关系，或者至少是这样一种关系的走向。基于这样一种关系审视，从社会组织的立场来看，就会合理性地认为社会组织公共性生长，需要政府收缩权力以释放或让渡社会组织相对于政府而言的独立公共空间；而从政府的立场来看，就会认为社会组织公共性的生长会削弱或者挑战政府的权威，对于政府而言存在政治上的风险，从而会倾向于通过权力介入，强化对社会组织的控制。这两种思维现象在当代中国或许都存在，但并不意味着这两者之间是不能调和的。也就是说，政府权力介入不一定是社会组织不得已而接受，而社会组织公共性生长也并非政府不情愿而放手。

对此，一些新自由主义的批评者提出了一种具有批判性色彩的理论模式，亦即民营模式。民营模式认为，在当代中国社会组织兴起的过程中，政府把其本应承担的对民众的职责逐渐转嫁给了社会组织。而当社会组织承担了越来越多的公共服务提供功能，事实上也说明了政府越来越多地放弃了以前所承担的公共服务。但是，社会组织毕竟不同于政府，它们是民间性的机构，民众不可能通过政治过程让社会组织对其负责，由此民众也就失去了对为其提供公共服务的主体强调责任的权利。② 为此，当代中国社

① G. White, J. A. Howell & X. Shang, *In Search of Civil Society: Market Reform and Social Change in Contemporary China*, Oxford: Clarendon Press, 1996, pp. 5, 208-209.

② 参见 G. Wood, "States Without Citizens: The Problem of the Franchise State," in D. Hulme & M. Edwards, Eds., *NGOs, States, and Donors: Too Close for Comfort?*, Saint Martin's Press, 1997, pp. 79-92。

会组织的日益兴起，事实上可以看作当代中国民营化大潮流的一部分，这样一种民营化的潮流剥夺了公民的权利而不是促进了所谓的托克维尔式的民主。① 与自由多元主义市民社会模式不同，民营模式认为政府经常乐意看到社会组织公共性生长。事实上，当政府缺乏能力或不愿意照顾其公民的时候，政府官员经常会鼓励甚至迫使社会精英通过建立社会组织的方式来提供公共服务。② 同时，民营模式也不认为社会组织公共性生长，就必然会成为削弱或挑战政府权威的威胁性力量；相反，民营化是一种既能维持政府对社会的控制又能减少政府成本和责任的行为策略。政府一方面通过刚性的行为管控和柔性的利益诱导，实现对社会组织的控制，防范和抑制社会组织对抗性功能的产生；另一方面则通过劝说民众选择在市场上购买公共服务的方式来照顾自己，从而达到减少政府成本和责任的目的。③ 由此而言，在民营模式下，社会组织仅仅只是充当了一种另类的供应商的角色，它们提供了那些曾经属于公民应享的权利但现在却成为市场消费品的公共服务。④

　　尽管在中国有大量的经验事实支持民营模式的理论观点⑤，但是民营模式与自由多元主义市民社会模式一样，认为政府与社会组织之间是相互分离的独立主体，双方之间存在"你进我退"的零和博弈关系。只不过，民营模式相对于自由多元主义市民社会模式而言，弱化了政府与社会组织之间对抗性的色彩。依据民营模式，政府愿意为社会组织公共性生长让渡公共空间，但这样一种公共空间的让渡并不意味着政府放松了对社会组织的控制，从而走向自由多元主义，而只不过是政府为了减少成本和责任的一种行为策略而已。在民营模式下，政府对社会组织公共性生长的空间让渡和对社会组织削弱或挑战政府权威的可能性行为的控制是同时并存的，并

① 参见 Z. Li & A. Ong, *Privatizing China: Socialism from Afar*, Cornell University Press, 2008。

② 参见 M. B. Rankin, "Some Observations on a Chinese Public Sphere," *Modern China*, Vol. 19, No. 2, 1993, pp. 158 – 182。

③ 参见 A. Anagnost, "The Corporeal Politics of Quality (Suzhi)," *Public Culture*, Vol. 16, No. 2, 2004, pp. 189 – 208。

④ 参见 C. Hsu, "Beyond Civil Society: An Organizational Perspective on State-NGO Relations in the People's Republic of China," *Journal of Civil Society*, Vol. 6, No. 3, 2010, pp. 259 – 277。

⑤ 参见 Z. Li & A. Ong, *Privatizing China: Socialism from Afar*, Cornell University Press, 2008。

且社会组织进入，政府就会撤退，政府允许社会组织进入的目的就是方便自我的故意撤退。然而，与民营模式相左的是，在中国许多领域，诸如教育、环境、医疗保健等领域，日益增长的社会组织进入与日益增加的政府投入经常是齐头并进的，中国的社会组织不仅没有扮演一种让政府退出或放弃其职责的角色，还似乎产生了相反的影响。[1] 由此，无论是自由多元主义市民社会模式还是民营模式在解释当代中国政府与社会组织关系上都存在明显的局限，因而很多学者转而去寻求其他理论模式。

二 协同共进：法团主义与组织模式

改革开放以来，中国的国家与社会关系演变的独特特点是，在国家与社会不断分离的同时，又出现了国家与社会之间新的结合[2]，政府与社会组织之间相互结合、协同共进的现象广泛存在。对此，无论是上述自由多元主义市民社会模式还是民营模式都不能提供合理的解释，而法团主义（Corporatism）和组织模式则因此而受到了学者们的青睐。

法团主义，是 20 世纪 70 年代由西方学者斯密特（P. C. Schmitter）系统概括出来的。斯密特把法团主义界定为一种"利益代表系统"。"在这样一种利益代表系统中，成员单位被整合进一个数量有限、单一化、义务的、非竞争性、具有等级秩序和功能分化的组织序列，这些组织获得国家承认或许可（如果不是由国家创立的话），并被授予其本领域内协商性的代表垄断地位；作为交换，它们在领袖选择、需求表达和组织支持方面受到国家一定的控制。"[3] 由此可见，法团主义强调的是政府与社会组织之间制度化

---

① 参见 C. Hsu, "Beyond Civil Society: An Organizational Perspective on State-NGO Relations in the People's Republic of China," *Journal of Civil Society*, Vol. 6, No. 3, 2010, pp. 259 – 277。

② 参见郁建兴、吴宇《中国民间组织的兴起与国家——社会关系理论的转型》，《人文杂志》2003 年第 4 期；孙立平《转型与断裂——改革以来中国社会结构的变迁》，清华大学出版社，2005；赵秀梅《基层治理中的国家—社会关系——对一个参与社区公共服务的 NGO 的考察》，《开放时代》2008 年第 4 期。

③ P. C. Schmitter, "Still the Century of Corporatism?" in F. B. Pike and T. Stritch, eds., *The New Corporatism: Social-Political Structures in the Iberian World*, University of Notre Dame Press, 1974, pp. 93 – 94.

的联系渠道，以及功能性组织利益代表的垄断性地位和与之相伴随的政府所施加的控制，其主要价值目标在于维护社会秩序和追求社会公正。

对于改革开放以来中国政府与社会组织之间的关系，法团主义论者倾向于认为："在原有体制的惯性下，社会原子正在以另一种新方式组织到国家体制的某一部分中去。从宏观结构上说，其整体的特征不是分立，而是多边合作、混合角色及互相依赖的发展。"① 安戈（J. Unger）和陈佩华（A. Chan）是较早运用法团主义来研究改革开放以来中国政府与社会组织之间关系的学者。他们辨析了法团主义的两种变化类型：一种是自由主义的或社会的类型，在这样一种类型中，组织领袖对组织成员负责，而不是对政府负责，并且政府不能直接命令各组织之间的协议事项。二是权威主义的或国家的类型，在这样一种类型中，政府施展自上而下的决策制定权力。这两种法团主义类型存在明显的区别，但它们的共同特征是"有组织的共识与合作"，从而区别于多元主义利益团体组织模式的分裂竞争和冲突特征。他们认为，国家法团主义对于改革开放以来中国政府与社会组织之间的关系提供了比较精确的描述。②

皮尔森（M. M. Pearson）同样认为，国家法团主义可以很好地解释改革开放以来中国政府与社会组织之间的关系，不过她指出，中国社会主义政权的二元政党－国家结构不同于单一的权威主义体制国家结构，在中国体制环境下国家掌握了社会组织兴起的主动权，同时中国共产党的角色是十分关键的，因此她使用"社会主义法团主义"来描述社会主义中国的国家法团主义。③ 迪克森（Bruce J. Dickson）也强调了改革开放以来中国政府与社会组织之间关系的法团主义结构属性以及执政党在塑造这样一种法团主义结构中的重要性。他从一种政党适应性（party adaptation）的角度，认为作为执政党的中国共产党为了适应中国经济改革所带来的巨大社会变化，

① 张静：《法团主义》，中国社会科学出版社，2005，第163～164页。
② 参见 J. Unger & A. Chan, "China, Corporatism, and the East Asian Model," *The Australian Journal of Chinese Affairs*, No. 33, 1995, pp. 29 – 53。
③ 参见 M. M. Pearson, "The Janus Face of Business Associations in China: Socialist Corporatism in Foreign Enterprises," *The Australian Journal of Chinese Affairs*, No. 31, 1994, pp. 25 – 46。

相应地转变了控制社会的政治策略，亦即不再单纯地依赖强制性手段和意识形态宣传来实施对社会的控制，而是强调通过吸纳新生的社会精英以及重建国家与社会的组织联系将新的社会要素吸纳到体制范围内，从而增强体制对环境的适应能力。依据迪克森的观点，中国的社会组织是在国家以法团主义方式与社会建立组织联系的过程中逐渐发展起来的。①

依据法团主义理论模式，改革开放以来中国社会组织的公共性生长是国家主动性地调适与社会之间关系的结果。政府对于社会组织公共性生长，一方面给予积极的支持，以增强体制对环境的适应性；另一方面则通过建立与社会组织之间的制度化联系，对社会组织施加严格的控制，把握社会组织公共性生长的主动权，防范社会组织公共性生长冲击政府自上而下的政治权威。法团主义在中国研究中的应用，看到了改革开放以来中国政府与社会组织之间相互结合、协同共进的一面。但是，法团主义在解释当代中国政府与社会组织之间的关系上也存在明显的局限性：一方面，法团主义是一种利益代表系统的结构形态，它强调社会组织自下而上组织化、制度化的利益传输以及政府自上而下对社会组织所施加的控制。这样一种结构形态或许比较适合解释部分官办社会组织与政府之间的关系，而对于数量众多的民间社会组织尤其是服务型的社会组织而言则缺乏解释力，它掩盖了当代中国政府与社会组织之间关系的多样性。同时，法团主义带有鲜明的西方色彩，其在中国研究中的应用似乎也有一种"削足适履"的嫌疑。对此，福斯特（Kenneth W. Foster）指出，在当今中国，法团主义只具其形而不具其实，大多数垄断性社会组织并没有真正代表组织成员的利益，而更多的是代表政府的利益。② 另一方面，法团主义属于一种静态的结构分析，强调的是一种静态的权力配置结构，忽视了社会组织与政府之间动态的互动过程，尤其是国家法团主义的"国家中心"的结构色彩淹没了社会组织的生存和行动策略。正如赛奇（T. Saich）所强调的那样，法团主义的理论模式虽

---

① 参见 B. J. Dickson, "Co-optation and Corporatism in China: The Logic of Party Adaptation," *Political Science Quarterly*, Vol. 115, No. 4, 2000 - 2001, pp. 517 - 540。

② 参见 K. W. Foster, "Embedded Within State Agencies: Business Associations in Yantai," *The China Journal*, Vol. 47, No. 1, 2002, pp. 41 - 65。

然很好地描述了国家自上而下整合和控制社会的特征，但是却冒有将动态过程简单化的危险，事实上社会组织经常设计各种策略与国家进行周旋，规避来自国家控制的不利因素，并尽可能地获取组织最大化的利益。[①]

由于法团主义在解释改革开放以来中国政府与社会组织之间相互结合、协同共进方面所存在的局限性，一些学者尝试运用组织模式来审视当代中国政府与社会组织之间的关系。组织模式论者强调资源对于组织生存的决定性作用，偏向于基于资源依赖理论（Resource Dependence Theory）来审视政府与社会组织之间的合作关系。资源依赖理论的基本假设是，任何组织都无法生产自身所需要的所有资源，因此需要与外部环境中掌握其所需要资源的组织之间产生相互依赖的关系，同时也正是由于资源的控制引起了组织之间权力的分配与使用。豪尔（R. H. Hall）和托伯特（P. S. Tolbert）认为，组织是受外在环境制约的，任何组织都不可能完全独立，因此组织的结构及其活动方式与活动结果都必须置于组织所镶嵌于其中的环境因素中加以理解。组织为了维持其生存，必须引进、吸收、转换各种资源，而这些资源往往来自环境中的其他组织，由此而形成了组织间资源相互依赖的关系网络。[②] 对于政府与社会组织之间的关系，一些西方学者认为，由于政府与社会组织各自掌握了对方所需要的一些重要资源，因此形成了资源上的相互依赖关系，并为双方之间的合作提供了可能。[③]

依据组织模式的理论叙述，中国社会组织主要关心的是所需资源的持续供应问题，目的在于维持组织的生存、实现组织的发展，它们不关心组织的自主性问题，更不会关心政治层面的问题。组织学者的研究表明，组

---

① 参见 T. Saich, "Negotiating the State: The Development of Social Organizations in China," *The China Quarterly*, Vol. 161, No. 1, 2000, pp. 124 – 141。

② 参见 R. H. Hall & P. S. Tolbert, Organizations: *Structure, Process and Outcomes*, Jersey Prentice Hall, 1991, pp. 278。

③ 参见 J. R. Saidel, "Resource Interdependence: The Relationship Between State Agencies and Non-profit Organizations," *Public Administration Review*, Vol. 51, No. 6, 1991, pp. 543 – 553; L. M. Salamon, *Partners in Public Service: Government-nonprofit Relations in the Modern Welfare State*, Johns Hopkins University Press, 1995; S. Cho & D. F. Gillespie, "A Conceptual Exploring the Dynamics of Government-Nonprofit Service Delivery," *Nonprofit and Voluntary Sector Quarterly*, Vol. 35, No. 3, 2006, pp. 493 – 509。

织形式越新颖、越具有革新性，那么其在建构合法性和获取资源流上就会面临越大的挑战。[①] 中国的社会组织作为一种新兴的组织类型，它们为了能够寻求持续的资源供应以服务于组织的生存，总是倾向于采用与现行制度环境[②]相适应的行动策略。而中国政府拥有强大的能力允许或限制社会组织获取包括并非来自政府的各种资源，同时中国政府还可以控制社会组织接近其受益对象，赋予或削弱社会组织的合法性。[③] 因此，对于中国社会组织而言，培养与政府之间的良好关系，发展与政府之间的合作性关系，是其获取资源供应、维系组织生存的理性选择。[④] 同时，依据组模式的理论叙述，中国的政府机构也是作为一种组织形式而存在的，政府为了维系其合法性基础，实现良性社会治理，同样需要寻求资源的供应，并且其寻求资源的行为同样会镶嵌于现行的制度环境之中。而社会组织恰恰可以迎合政府获取资源供应的需求，于是政府会倾向于与社会组织建构合作性关系，而不是简单地对社会组织施加所谓的控制。[⑤]

基于组织模式的理论叙述，社会组织公共性生长，是政府为了维系自身合法性基础、寻求自身公共性增长所带来的结果。政府对社会组织公共性生长并不是简单地强调控制，而是更强调通过支持来实现相互增权、协同共进，这为审视当代中国政府与社会组织之间的关系提供了新的视野。但是，组织模式在对当代中国政府与社会组织之间关系的审视上至少还存在以下两个方面的不足：一是过于强调社会组织发展与政府之间的合作性关系。事实上，中国的社会组织在宗旨使命、组织结构、自主程度以及社

---

① 参见 M. T. Hannan, "Age Dependence in the Mortality of National Labor Unions: Comparisons of Parametric Models," *Journal of Mathematical Sociology*, Vol. 14, No. 1, 1988, pp. 1 - 30。

② 在此所述的制度环境包括正式制度和非正式制度，法律制度、社会惯例、意识形态等都属于制度环境的内容。

③ 参见 C. Hsu, "Beyond Civil Society: An Organizational Perspective on State-NGO Relations in the People's Republic of China," *Journal of Civil Society*, Vol. 6, No. 3, 2010, pp. 259 - 277。

④ 参见张紧跟、庄文嘉《非正式政治：一个草根 NGO 的行动策略——以广州业主委员会联谊会筹备委员会为例》，《社会学研究》2008 年第 2 期；和经纬、黄培茹、黄慧《在资源与制度之间：农民工草根 NGO 的生存策略——以珠三角农民工维权 NGO 为例》，《社会》2009 年第 6 期。

⑤ 参见田凯《组织外形化：非协调约束下的组织运作——一个研究中国慈善组织与政府关系的理论框架》，《社会学研究》2004 年第 4 期。

会影响等方面是高度多样化和分殊化的①，与政府合作并非所有社会组织理
所当然的最佳行动策略。② 二是倾向于把中国的社会组织看作一种仅仅依赖
于资源供应的组织实体。事实上，当前中国很多社会组织不单纯只是追求
资源的供应，同时也有自身的理念，甚至有些社会组织还在为获取独立的
法律地位和免税资格而努力地争取自主性。③

三　超越局部：多元模式与分类控制

基于既有研究文献的梳理，无论是倾向于"你进我退"的市民社会与
民营模式，还是倾向于"协同共进"的法团主义与组织模式，似乎都可以
找到支持其观点的经验根据，即便这样一些观点甚至是截然相反的。与此
同时，这些理论模式又都存在解释局限，不足以令人完全信服。那么，针
对改革开放以后中国政府与社会组织之间关系的现实，缘何会出现这样一
种多样化的解释局面？

对此，学术界主要有种解释：一是中国的社会组织是高度多样化和异
质性的，不同性质和处于不同发展阶段的社会组织，在与政府之间的关系
上很可能是存在明显差异的。有学者指出："中国社会部门内部的差异性巨
大，甚至不亚于社会部门与政府之间的差异，社会部门与政府之间可以看
到多种互动效应，包括自下而上的民间组织、政府、自上而下的民间组织
之间的相互作用。"④ 二是信奉不同理论模式的研究者，习惯于在其实证研
究中选择不同类型的社会组织作为研究对象。比如，信奉自由多元主义市
民社会模式的研究者，习惯于选择那些不具备"合法"身份甚至带有明

---

① 参见 Q. Ma, "Defining Chinese Nongovernmental Organizations," *International Journal of Voluntary and Nonprofit Organizations*, Vol. 13, No. 2, 2002, pp. 113 –130。
② 参见何艳玲、周晓峰、张鹏举《边缘草根组织的行动策略及其解释》，《公共管理学报》2009 年第 1 期。
③ K. Chan, "Commentary on Hsu: Graduated Control and NGO Responses: Civil Society as Institutional Logic," *Journal of Civil Society*, Vol. 6, No. 3, 2010, pp. 301 – 306。
④ 贾西津：《民间组织与政府的关系》，王名主编《中国民间组织 30 年——走向公民社会》，中国社会科学出版社，2008，第 199 页。

显政治倾向的草根社会组织作为研究对象；信奉法团主义模式的研究者则习惯于选择商会、工会和行业协会等官办社会组织作为研究对象。这就是说，运用上述理论模式来审视中国政府与社会组织关系的研究文献，大体上都属于局部性的观察，缺乏整体性的视野。有学者形象地称之为"标签泛滥""盲人摸象"。① 于是，一些学者试图超越这样一种"盲人摸象"的局部研究，从而出现了倾向于整体性描述的"多元模式"和"分类控制"的理论模式。

多元模式认为，改革开放以来中国政府与社会组织之间的关系是十分复杂的，任何单一的理论模式都不能作为支配性的框架对其进行整体上的诠释。为此，多元模式论者倾向于综合运用多种理论模式来审视中国政府与社会组织之间的关系。丁（Y. Ding）指出，对于改革开放以来中国政府与社会组织之间的关系，中外学者提出了不同的分析模式，但是这些分析模式都局限于特殊的个案研究或特殊类型的社会组织研究，因此不足以概括改革开放以来中国政府与社会组织关系的整体特征。他认为，改革开放以来中国政府与社会组织之间的关系，不能够用一个单一的模式来予以解释，而是必须通过选择性的应用和多种模式的组合来予以分析。为此，他提出用国家法团主义、社会法团主义、市民社会和地方法团主义四种模式的组合来解释改革开放以来中国政府与社会组织之间的关系。② 茹（J. Ru）在其博士学位论文中提出，中国政府与社会组织之间的关系存在一个从一元主义到多元主义的连续谱，这样一种连续谱由五种类型的关系形态所组成，亦即国家法团主义、机构法团主义、社会法团主义、自我审查市民社会和对抗性市民社会。③ 范明林也同时使用法团主义和市民社会这两种理论模式，对中国不同类型的社会组织与政府之间的关系进行了比较研究，研究发现中国不同的社会组织与政府会形成不同的关系类型，这种关系并不

---

① 参见康晓光、韩恒《分类控制：当代中国大陆国家与社会关系研究》，《社会学研究》2005 年第 6 期。

② 参见 Y. , Ding, "Corporatism and Civil Society in China: An Overview of the Debate in Recent Years," *China Information*, Vol. 12, No. 4, 1998, pp. 44 – 67。

③ 参见 J. , Ru, *Environmental NGOs in China: The Interplay of State Controls, Agency Interests and NGO Strategies*, A Dissertation for the Degree of Doctor of Philosophy, Stanford University, 2004。

是单一的，而可能是复杂和多样的；同时，中国政府与社会组织之间的互动关系也并不是静止和固定不变的，而是一个动态的过程，始终处于演变和发展之中。①

基于多元模式的理论叙述，面对社会组织公共性生长，政府采用的是一种多元的行为策略；反过来，面对政府的多元行为策略，社会组织也采用不同的方式来处理与政府之间的关系，以拓展自身的公共空间和提升自身的公共影响。多元模式揭示了当代中国政府与社会组织关系的复杂性和动态性，但却始终未能摆脱西方式的理论框架，尤其是市民社会和法团主义的理论框架，只不过是西方式理论框架的简单叠加或者变体式的叠加。这样一种理论倾向带有很强的韦伯式的理想化色彩，习惯于用一系列源自西方经验的价值判断来审视实际上具有自身特性的中国现实，这在事实上是十分危险的，很可能出现的结果就是"削足适履"。正是基于此，康晓光等学者试图突破西方式的理论框架，对中国政府与社会组织之间的关系进行源自中国经验的"概念再造"，提出了"分类控制"的理论模式。分类控制模式基于对多种类型社会组织的典型调查，包括官办社会组织、民办社会组织和未登记注册的草根社会组织，认为政府为了自身的利益，依据社会组织的挑战能力和所提供的公共服务，对不同的社会组织采取不同的控制策略，其根本性的特征是"政府控制社会"。在分类控制模式中，政府允许公民享有有限的结社自由，允许某些类型的社会组织存在，但不允许它们独立于政府，更不允许它们挑战政府的权威；同时，政府也有意识地利用各种社会组织提供公共服务的能力，使其发挥"拾遗补阙"的功能。其结果是，尽管公民自由获得了前所未有的发展，但是权威主义秩序并未受到根本性的挑战。②

在康晓光等所提出的分类控制模式的基础之上，香港学者陈健民（K. Chan）依据政府对社会组织的业务性质、资金来源和规模大小三个维度的

---

① 参见范明林《非政府组织与政府的互动关系——基于法团主义和市民社会视角的比较个案研究》，《社会学研究》2010年第3期。
② 参见康晓光、韩恒《分类控制：当代中国大陆国家与社会关系研究》，《社会学研究》2005年第6期。

不同反应和控制程度，提出了一个更为简化的分类控制模式（见表 4 - 1）。[1]

表 4 - 1 陈健民的分类控制模式

控制程度	业务性质	资金来源	规模大小
低度	服务业务	政府、官办社会组织	社区中的小型社会组织
中度	敏感区域服务、倡导业务	企业、独立的地方基金会	大型社会组织、跨区域社会组织
高度	政治、宗教、民族业务	国际社会组织、国外基金会	全国性社会组织、联盟

资料来源：K. Chan, "Commentary on Hsu: Graduated Control and NGO Responses: Civil Society as Institutional Logic," *Journal of Civil Society*, Vol. 6, No. 3, 2010, pp. 301 - 306。

　　基于分类控制模式，政府为了更好地提供公共服务，实现更好的公共治理，对社会组织公共性生长有积极的支持行为。与此同时，为了防范社会组织挑战政府的权威，对社会组织公共性生长又存在控制的倾向，并且控制是核心的机制，控制相对于支持而言具有价值的优先性。分类控制模式摆脱了西方概念框架和理论模式对于当代中国政府与社会组织关系的解释路径，避免了邓正来所说的"学术消费主义"和"前反思接受"取向的理论缺陷[2]，对于我们整体而真实地把握中国政府与社会组织之间的关系具有重要的价值。但是，分类控制模式在考虑到中国社会组织的多样化类型和异质性特征的同时，又陷入了对政府"铁板一块"的简单化理解，把"控制"视为中国政府对待社会组织的优先性行为选择。事实上，政府亦不是铁板一块的统一体，而是一个由组织机构和行动者所构成的集合体[3]，不

---

[1] K. Chan, "Commentary on Hsu: Graduated Control and NGO Responses: Civil Society as Institutional Logic," *Journal of Civil Society*, Vol. 6, No. 3, 2010, pp. 301 - 306.

[2] 邓正来所说的"学术消费主义取向"，强调的是西方概念在中国研究上的套用；而所谓的"前反思接受取向"则强调的是西方"现代化框架"的思维定式。参见邓正来《"生存性智慧模式"——对中国市民社会研究既有理论模式的检视》，《吉林大学社会科学学报》2011 年第 2 期。

[3] 参见 J. S. Migdal, A. Kohli & V. Shue, *State Power and Social Force, Domination and Transformation in the Third World*, Cambridge University Press, 1994; K. W. Foster, "Associations in the Embrace of an Authoritarian State: State Domination of Society?", *Studies in Comparative International Development*, Vol. 35, No. 4, 2001, pp. 84 - 109。

同层次的政府、不同的政府部门以及不同的政府官员在处理与社会组织之间的关系上甚至可能会采取截然不同的方式。有学者把这样一种现象描述为"碎片化的权威主义"（Fragmented Authoritatianism）。在这种"碎片化的权威主义"体系中，社会组织可能会联合特定的政府部门而对其他政府部门施加压力。① 分类控制模式的简单化理解，源于把研究视角简单化瞄准政府的统一性、静态化的对待社会组织的政策，采用的是一种"规则中心主义"的研究态度，忽视了规则体系背后政府对待社会组织的"实用主义"立场。②

四　控制和支持：整体性理解的两个基本维度

以上概述了海内外学者对当代中国政府与社会组织之间关系的六种具有影响力的解释模式。在这六种模式中，倾向于"你进我退"的市民社会与民营模式，以及倾向于"协同共进"的法团主义与组织模式，大体上都属于局部性的观察，存在明显的适用性局限。多元模式和分类控制具有了整体性的视野，但多元模式受到西方式理论框架的深刻影响，很难以充分解释当代中国的现实，存在"削足适履"的学术研究风险。分类控制突破了西方式的理论框架，在当代中国政府与社会组织关系的整体性把握上具有推进价值，但是分类控制模式仍然存在简单化的问题，它把政府对社会组织的支持置于一种从属于政府对社会组织控制的地位，认为控制与支持是相互对应的，"政府控制越严的民间组织，得到政府的支持也越大；政府控制越弱的民间组织，得到的政府支持也越小"。③ 依据陶传进的观点，分类控制模式属于一种简单化的"单轴观"思维，而事实上国家与社会之间存在更为复杂的控制和支持的双轴关系。也就是说，国家对社会的控制未

---

① 参见 A. C. Mertha, *China's Water Warriors: Citizen Action and Policy Change*, Ithaca, Cornell University Press, 2008。

② 参见邓正来《"生存性智慧模式"——对中国市民社会研究既有理论模式的检视》，《吉林大学社会科学学报》2011 年第 2 期。

③ 康晓光等：《改革时代的国家与社会关系——行政吸纳社会》，载王名主编《中国民间组织30 年——走向公民社会》，中国社会科学出版社，2008，第 324 页。

必一定意味着支持，而支持未必一定意味着控制。"国家对社会的强大支持
未必与强控制并存，而社会相对于国家的自主运作，也并不意味着国家支
持的撤离。在强支持、强控制与低支持、低控制两种情形之外，还存在着
其他情形。"① 笔者的实证研究亦支持这样一种双轴关系，并提出了"行政
吸纳服务"的模式。"行政吸纳服务"模式和"分类控制"模式，同样看到
了在当代中国国家与社会关系中国家的主导性地位，但"行政吸纳服务"
模式的核心机制是政府对社会组织的支持而不是政府对社会组织的控制。
"'行政吸纳服务'的核心内涵在于政府通过培育和支持民间组织的发展，
动员和整合社会资源，使民间组织为政府所用，充当政府公共服务的帮手，
从而达到增强政府公共服务能力、提升政府的公共治理绩效与合法性的目
的。"② 当然，"行政吸纳服务"模式并不否认控制因素的存在，只是控制相
对于支持而言并不处在一种凸显的位置，因而实质上是一种"强支持、低
控制"的模式。同时，需要说明的是，笔者提出的"行政吸纳服务"模式
亦属于一种局部性的观察，并不意图对当代中国政府与社会组织之间的关
系做出一种整体性的描述，只不过是要表明当前中国大陆存在这样一种国
家与社会关系的新形态，同时也表明"分类控制"模式存在简单化的局限。

上述解释模式对于本书后续分析政府权力对社会组织公共性生长的影
响以及探讨社会组织公共性生长中政府权力进一步调适的基本方向和路径
选择，提供了重要的理论基础。但是，如前所述，这些解释模式在对当代
中国政府与社会组织关系的审视上都具有局限性，因而还存在模式研究进
一步创新的空间。笔者认为，关于当代中国政府与社会组织关系模式研究
的重要创新方向，就是要基于整体性的视野进行描述和分析以及超越西方
式的理论框架进行概念再造。通过以上的叙述和比较可以发现，无论是市
民社会、民营模式、法团主义、组织模式、多元模式和分类控制的理论模
式，还是笔者所提出的"行政吸纳服务"的理论模式，都内在地蕴涵了两

① 陶传进：《控制与支持：国家与社会间的两种独立关系研究——中国农村社会里的情形》，《管理世界》2008 年第 2 期。
② 唐文玉：《行政吸纳服务——中国大陆国家与社会关系的一种新诠释》，《公共管理学报》2010 年第 1 期。

个基本方面,亦即政府对社会组织的权力控制和权力支持以及与之相伴随的社会组织行为模式或生存和发展的策略。笔者认为,这两个基本方面构成了对当代中国政府与社会组织关系进行整体性理解的两个基本维度。当然,笔者无意在此提出关于当代中国政府与社会组织关系的整体性描述的新模式,而是试图在上述模式研究的基础之上,通过共性因素的挖掘,进一步从模式导向研究走向问题导向研究,分析政府权力对社会组织公共性生长的影响,以及探讨社会组织公共性生长中政府权力进一步调适的基本方向和路径选择。也就是说,我们的研究不能仅仅只是局限或停留于这种描述性的模式导向研究,我们需要进一步地探讨和分析中国政府与社会组织之间的关系结构所产生的政治和社会影响。正如有学者所指出的那样,这种模式导向性的研究仅仅只是研究的起点而非终点。① 我们有必要在模式导向研究的基础之上,进一步走向问题导向研究。

五　本章小结

改革开放以来,伴随着中国社会组织的迅速兴起,海内外学者对当代中国政府与社会组织之间的关系产生了浓厚的研究兴趣,出现了众多的研究文献,形成了市民社会、民营模式、法团主义、组织模式、多元模式和分类控制六种具有影响力的解释模式。这六种解释模式之间存在明显的分歧和冲突,这种分歧和冲突源于当代中国政府与社会组织之间关系的复杂性和动态性,同时受到研究者既有的理论取向、知识结构和价值判断的影响。这样一种异彩纷呈的理论视界,丰富了我们对当代中国政府与社会组织之间关系的理解,为本书的研究提供了重要的理论基础。但需要注意的是,这六种解释模式在对当代中国政府与社会组织关系的审视上都具有局限性,因而还存在模式研究进一步创新的空间。笔者认为,关于当代中国政府与社会组织关系模式研究的重要创新方向,就是要基于整体性的视野进行描述和分析以及超越西方式的理论框架进行概念再造。通过对这六种

---

① S. Kennedy, *The Business of Lobbying in China*, Harvard University Press, 2005, pp. 8 - 9.

解释模式以及笔者所提出的"行政吸纳服务"模式的叙述和比较，可以发现这些解释模式都内在地蕴涵了两个基本方面，即政府对社会组织的权力控制和权力支持以及与之相伴随的社会组织行为模式或生存和发展的策略。笔者认为，这两个基本方面构成了对当代中国政府与社会组织关系进行整体性理解的两个基本维度。笔者试图基于这两个基本维度，进一步从模式导向研究走向问题导向研究，分析政府权力对社会组织公共性生长的影响，以及探讨社会组织公共性生长中政府权力进一步调适的基本方向和路径选择。

第五章

政府权力对社会组织公共性生长的积极影响

如前所述，当代中国社会组织公共性生长及其不足的背后存在深层的政府与社会组织关系的结构性影响因素。第四章对当代中国政府与社会组织关系的六种具有影响力的解释模式进行了叙述、评价和分析，这些解释模式内在地蕴涵两个基本方面，亦即政府对社会组织的权力控制和权力支持以及与之相伴随的社会组织行为模式或生存和发展的策略。笔者认为，这两个基本方面构成了对当代中国政府与社会组织关系进行整体性理解的两个基本维度。这一章在上述模式导向研究的基础之上，进一步走向问题导向研究，从控制和支持两个维度分析政府权力对当代中国社会组织公共性生长的积极影响。在此所述的政府权力，是一种比较宽泛的政府力量，包括政府所拥有的正式的制度化权力以及由此而产生的影响力，亦包括政府所拥有的非正式的影响力。改革开放以来，中国社会组织之所以会出现数量上的迅速增长并日益展现出建构公共性的力量，其中关键性的推动因素就是政府权力的调适在控制和支持两个维度对社会组织公共性生长所产生的积极作用。概括而言，主要可以从三个方面进行叙述。

一 释放了社会形态的 "公" 的空间

在传统中国权威主义公共性结构形态中，国家权威与社会权威相伴而生共同建构公共性。这表明，传统中国不仅存在国家形态的 "公"，同时亦存在社会形态的"公"。不过，需要指出的是，在传统中国，无论是所谓的"国家"还是所谓的"社会"，其实都并非一个界限清楚的"共同体"概念，而都是一个以"己"为中心、以家庭关系为基础而延伸推广开来的社会圈子。对此，梁漱溟指出，传统中国是一个伦理本位的社会，并不像一个国家，中国人就家庭关系推广发挥，以伦理组织社会。"它由近以及远，更引远而入近；泯忘彼此，尚何有于界划？自古相传的是'天下一家'，'四海兄弟'。"① 费孝通把传统中国的伦理关系格局描述为区别于西方"团体格局"的"差序格局"，指出："在我们传统里群的极限是模糊不清的'天下'，国是皇帝之家，界线从来就是不清不楚的，不过是从自己这个中心里推出去的社会势力里的一圈而已。"② 也就是说，传统中国尽管存在相对于"私"而言的"公"，但这种"公"并非一种"个人与共同体"之间的"公"，而是一种私人之间人伦礼仪的"公"。所以，中国传统的道德主要是一种"个人对个人"的私人道德，而缺乏"个人对共同体、共同体对个人"的公共道德。这样一种公共道德的缺乏，遭到了梁启超、梁漱溟、费孝通等一大批思想者的批评。例如，梁启超在《新民说》中指出，传统中国道德不外乎是一私人对一私人的私德，国民"皆由知此私德，不知有公德，故政治之不进，国华之日替，皆此之由。……我国民中，无一视国事如己事者，皆公德之大义未有发明故也"。③ 传统中国在长期的历史发展过程中对"缺乏公德"的劣势并没有形成自觉意识，直到近代以来遭遇到西方民族国家竞争的挑战，公共道德缺乏所带来的公共性的狭隘性和脆弱性的相对劣势才不断暴露出来并被众人所诟病。

中国现代公共性的建构过程，事实上伴随着中国现代民族国家的建设过程，表现为国家通过政治权力的延伸和扩张来克服建构在差序格局基础之上的传统公共性的狭隘性和脆弱性，来改变传统的由于个人与共同体之间的"公"的缺乏所导致的"一盘散沙"的现象。国家权力的延伸和扩张，

① 梁漱溟：《中国文化要义》，上海世纪出版集团、上海人民出版社，2011，第79页。
② 费孝通：《乡土中国 生育制度》，北京大学出版社，1998，第30页。
③ 梁启超：《新民说》，辽宁人民出版社，1994，第20页。

终于形成了一种"总体性社会"① 的格局，国家全面渗透和控制社会生活，社会失去了应有的独立性和自治性，"到50年代中后期，一个相对独立的、带有一定程度自治性的社会已不复存在"。② 国家通过政治权力的全面介入，强力改造传统的差序格局伦理关系文化和极力推崇个人与共同体之间的公共道德，从而建构出了一种国家主义公共性的结构形态。在这种国家主义公共性形态结构中，传统的基于宗族组织的社会形态的"公"不复存在，同时自清末和民国时期所出现的一些学会、商会、农学会、教育会等具有现代萌芽性质的社会组织也停止了活动或被吸纳到了党政体制内。尽管此时，依然存在一些具有社会组织名义的社团组织，但这些社团组织都不是作为相对于国家而言的独立的、自治的社会力量而存在，而是作为党政体制的组成部分，社会形态的"公"可以说完全被国家形态的"公"取代了。从现代性的角度来看，国家主义公共性相对于传统的权威主义公共性而言确实向前迈进了一步，它培育和发展了个人与共同体之间的公共道德要素，促进了现代形态的公共性的发展。但是，国家主义公共性的负面效应是非常明显的：它加重了政府建构公共性的负担，使政府的负担处于一种明显的非合理化的状态，同时抑制了个人的自主性和能动性，破坏了社会的活力，不能持续性地推进中国现代化的发展和提升人民的公共福祉，因而注定只能是一种过渡形态的公共性。

针对国家主义公共性的负面效应和日益凸显的适应性困境，改革开放以来，国家权力开始调适，从而推动了中国公共性结构形态从国家主义公共性向多元主义公共性的历史转型。国家权力的调适，从宏观的层面来看，表现在三个方面：一是政府控制范围缩小，开始从全能型政府向有限型政府转型；二是政府控制力度减弱，开始从管制型政府向服务型政府转型；

---

① "总体性社会"这个概念最初是由邹谠提出的，后来孙立平从社会学的角度对"总体性社会"进行了系统性的论述。参见 T. Tang, "Revolution, Reintegration, and Crisis in Communist China: A Framework for Analysis," in Ho Ping-ti & Tsou Tang, ed., *China in Crisis*, Vol. 1 Book 1, University of Chicago Press, 1967, pp. 277 - 364；孙立平《改革前后中国大陆国家、民间统治精英及民众间互动关系的演变》，《中国社会科学季刊》（香港）1994年第1期。
② 孙立平等：《改革以来中国社会结构的变迁》，《中国社会科学》1994年第2期。

三是政府控制手段规范化加强，开始从权治型政府向法治型政府转型。[①] 正是政府的这三重转型，不断确立了"私"的存在和价值的正当性，日益释放了社会形态的"公"的空间，从而为社会组织公共性生长创造了基础性的前提和条件，带来了改革开放以来社会组织数量的迅速发展及其公共性建构力量的日益展现。具体而言，表现在以下两个方面。

（1）改革开放以后，政府权力的收缩和公共服务提供的压力，促使政府通过"自上而下"的路径发展社会组织。改革开放以后，政府通过主动性地缩减自身的职能来减轻自身的负担，与此同时释放社会的生机和活力，推进中国现代化的发展。而政府职能的缩减，意味着政府原先所承担的一些公共服务提供职能需要让渡或转移出去，由其他主体来承担，否则就会出现公共服务提供的下降，带来公共治理的危机。但是，由于社会长期被国家所吞噬，缺乏通过自我组织化来承接政府所让渡或转移出来的公共服务提供职能的能力，于是，政府就面临着缩减政府职能的需求和提供公共服务的压力的矛盾。为了化解这一对矛盾，政府的重要做法就是通过"自上而下"的路径来发展社会组织，并依靠这些社会组织来承接政府所让渡或转移出来的公共服务提供职能。这些社会组织是政府希望让渡或转移的公共服务提供职能并未完全让渡或转移的产物，带有明显的政府性或者行政化的色彩，也经常被称为官办社会组织或者半官办社会组织。但是，这些社会组织成立之后，一方面政府不希望其资源完全来自政府而使其持续背上沉重的负担，从而不断强调要推进这些社会组织的社会化，实现政社分开；另一方面，有些社会组织也希望通过"经营式动员"来获取体制外的社会资源以及获得社会的支持和认同，从而存在一种自发的社会化发展倾向，比如中国青少年基金会就明确强调以"社会化"作为自身的发展目标。[②] 因此，这些社会组织的出现和运作意味着在国家形态的"公"之中发展出了社会形态的"公"。

（2）改革开放以后，政府权力的调适，释放了社会组织自发生长的空

---

① 参见孙立平等《改革以来中国社会结构的变迁》，《中国社会科学》1994 年第 2 期。

② 参见沈原、孙五三《"制度的形同质异"与社会团体的发育》，载中国青少年基金会、基金会发展研究委员会编《处于十字路口的中国社团》，天津人民出版社，2001。

间，民间通过"自下而上"的路径发展起来的社会组织开始广泛出现，并日益展现出了其开拓公共性的活力。改革开放以后，政府权力的调适，逐步改变了"公"与"私"之间非善即恶的极端对立格局，日益注重个人"私"的权利及其在国家现代化发展中的价值，不断释放社会的自主性，为社会的自我组织化发展创造了基础性的前提和条件。同时，改革开放以后，伴随着社会的深刻转型，出现了一系列的社会问题：农村人口向城市流动所带来的城市公共服务提供的压力问题，老龄化日益严峻所不断凸显出来的养老问题，长期粗放型经济增长所导致的环境污染问题，利益格局分化所带来的社会矛盾和社会冲突问题，等等。面对这些问题，政府出于对自身的负担和能力考虑，希望民间性的社会组织能够参与进来，共同克服和解决，从而为社会组织参与公共治理提供了机会和空间。正是在这样的时代背景下，民间通过"自下而上"的路径发展起来的社会组织开始广泛出现，并日益展现出了开拓公共性的活力。民间"自下而上"的社会组织发展在早期具有比较突出的个体精英主导的特征，亦即组织的运作依赖于个体精英的意志、能力、关系和声望，缺少规范性、参与性和专业性。但是，随着组织的日益发展成熟，其规范性、参与性和专业性不断增强，社会形态的"公"的活力日益展现了出来。改革开放以来，社会组织"自下而上"的发展有过两次高潮：第一次是在20世纪80年代中后期，社会组织无论是在数量上还是在类型上都有所扩展；第二次是自1998年至今，社会组织数量迅速增加，社会组织种类不断扩展，社会组织层次日益提升，社会组织领域不断细化，社会组织专业性愈益增强。社会组织这样一种自下而上的全面演进体现了公民权力的生长。①

二　促进社会组织共同性生成和发展

前文已述，社会组织共同性是通往社会组织公共性的前一个阶段，社

---

① 参见贾西津《民间组织与政府的关系》，载王名主编《中国民间组织 30 年》，社会科学文献出版社，2008，第 197 页。

会组织公共性是在社会组织共同性的基础之上生长起来的，而社会组织共同性越符合自愿性、自主性和非营利性的特征，其质量就越高，越有利于社会组织开拓出具有持续生机和活力的"为大家好"的公共性。改革开放以来，中国社会组织的迅速发展及其公共性建构力量的日益展现，除了缘于上述政府权力的调适，从基础性的层面释放了社会形态的"公"的空间之外，还缘于政府权力的调适，从指向性的层面促进了社会组织共同性的生成和发展。

（一）促进社会组织共同性的生成

中国是一个缺少非宗族基础社会结社传统的国家，传统时期中国公共性的建构主要依赖的是宗族组织和政府组织。从权威主义公共性演变为国家主义公共性之后，国家权威吞噬了社会权威，消灭了以传统宗族组织为基础的社会形态的"公"，"公"于是集中到了国家，政府扮演了建构"公"的全能角色，成为一种全能主义的政府。国家主义公共性的结构形态，使得民众对于政府承担社会公共事务产生了过度的依赖。这样一种过度依赖就像托克维尔对于那个时代一些欧洲国家的居民所描述的那样："居民认为自己是外来的移民，毫不关心当地的命运。他们对国内发生的一些重大变化均未参与，甚至并不确切了解变化是怎样发生的，只是感到发生了变化，或偶然听到了他人讲述某某事件而已。更有甚者，他们对自己村庄的遭遇、街道的治安、教堂教士的处境，都无动于衷。他们认为，这一切事情与他们毫无干系，应由被他们称作政府的强大的第三者管理。"① 这种过度依赖心理，使得本来就缺少横向组织化传统的中国民众更加难以自我组织化起来并参与到社会公共事务之中。同时，由于受到权威主义和国家主义的深刻影响，政府对民间的自发结社尤其是权力性的民间结社持有一种谨慎防范和消极控制的思维，这种谨慎防范和消极控制的思维也抑制了社会的自我组织化及其对社会公共事务的参与。所以，当代中国社会组织共同性的生成，对外部力量的帮助性介入有着格外的需求，而这样一种外部力

---

① 〔法〕托克维尔：《论美国的民主》上卷，董果良译，商务印书馆，1995，第117页。

量在依然存在较强的全能主义政府延续特征的今天，最为关键的就是能够作为资源的政府权力。有学者指出，政府权力作为资源出现有三种表现形式：第一种表现形式是提供组织资源，即对社会成员提供组织化作用，帮助社会成员克服"搭便车"倾向、过于利己倾向和增加合作程度；第二种表现形式是以实物资源、政策资源、关系资源掌控者的身份来帮助社会；第三种表现形式是权威资源，由于政府的特殊身份，人们愿意相信它和受影响于它。① 政府运用其所掌握的能够作为资源的权力来促进社会组织共同性的生成，是政府权力对社会组织公共性生长的积极影响的重要方面。

上海市 J 街道社区"睦邻点"建设的案例：

　　所谓"睦邻点"，其实就是社区中未正式登记注册但是有备案的居民邻里组织。上海市 J 街道开展社区"睦邻点"建设，缘于一起偶然性的事件。2007 年初，J 街道所辖社区有一对老夫妻找到街道领导，说儿女给自己买了套 100 多平方米的大房子，可儿女又都在市区，平时就老两口，生活很枯燥，是不是可以在自己家里设个点，让邻居们都来家里活动。老夫妻俩的想法，表明社区居民有自我组织化的自发需求。但是，这种自发需求显然是为了满足排遣寂寞、精神交流、自娱自乐等的"私"的需求，而不是基于参与社区公共事务的"公"的精神，同时这种自我组织化是随意性的、非规范性的、松散性的。同时，这也表明社区居民的自我组织化行为希望得到国家的承认和认可，因为在当代中国，国家的承认和认可对于社会组织的合法性而言比社会的承认和认可更为重要②，如果得不到国家的承认和认可，就意味着社会组织在身份上缺乏"合法性"，社会的自我组织化行为就会受到抑制。

　　正是基于这两个方面的考虑，J 街道基层政府于 2007 年 3 月正式启动了社区"睦邻点"建设工作，在所辖 18 个社区中积极而广泛地倡导居民成立"睦邻点"，并要求每一个"睦邻点"有一个发起组织者、一

---

① 参见陶传进《控制与支持：国家与社会间的两种独立关系研究》，《管理世界》2008 年第 2 期。
② 参见高丙中《社会团体的合法性问题》，《中国社会科学》2000 年第 2 期。

套住房或一间活动室、一本活动记录台账，同时要求"睦邻点"的发起组织者有"爱心"公心""恒心"，以引导社区居民的自我组织化行为具有规范性和持续性。J街道基层政府对合格的"睦邻点"给予挂牌认可，这就意味着对于这些"睦邻点"而言，获得了国家承认和认可的"合法性"。J街道基层政府每年还给每个"睦邻点"500元的活动经费补贴，如果"睦邻点"被评为"先进睦邻点"和"十佳睦邻点"，还可以分别获得300元和500元的奖励，这样就对社区居民的自我组织化行为产生了激励。J街道的社区"睦邻点"建设工作，由于作为资源的政府权力的介入，为社区居民的自我组织化提供了组织资源、实物资源、权威资源等多种资源形式，迅速地促进了社区"睦邻点"共同性的生成，不到半年的时间整个街道就产生了42个"睦邻点"，而目前J街道"睦邻点"的数量已经达到300多个。与此同时，"睦邻点"的参与者开始"由老及青"，产生了广泛的辐射力和影响力，活动方式也逐渐超越原初的排遣寂寞、精神交流、自娱自乐等"私"的层面，展现出了广泛的参与社区公共事务的"公"的精神，比如为社区环境卫生群策群力、为社区矛盾化解贡献力量、为社区公共秩序出谋划策、为社区老弱病残送去关怀等。

资料来源：笔者2010年9月至2012年6月陆续开展的实地调研。

（二）提升社会组织共同性的质量

一方面，高质量的社会组织共同性，需要充分尊重相互联合的个人的"私"的动机、意志和要求，因而应具有自愿性和自主性的特征。这种自愿性和自主性，主要是针对政府权力的运作而言的，尤其是在具有权威主义和国家主义遗产的当代中国更是如此。如果社会组织共同体的生成和运作相对于政府权力的运作而言缺乏自愿性和自主性的特征，那么就意味着社会组织产生了主体性缺失的问题，出现了"外形化"的现象，同时也表明社会形态的"公"受到国家形态的"公"的抑制而未能充分而有效地生长起来。所以，政府权力对社会组织公共性生长的积极影响，在表现为通过作为资源的政府权力的介入促进社会组织共同性生成的同时，也表现在积极保障社会组织共同体生成的自愿性和社会组织共同体运作的自主性，进而提升社会组织共同性的质量。

在这个方面，上述上海市 J 街道社区"睦邻点"建设的案例同样得到了典型的体现。J 街道基层政府通过积极的引导和支持在促进社区"睦邻点"共同性生成的同时，又充分地尊重"睦邻点"中相互联合的个人在排遣寂寞、精神交流、自娱自乐以及自我实现等"私"的方面的动机、意志和要求。因为"私"的动机、意志和要求并不会与"公"的价值相冲突，相反，只有立足于"私"，才能更好地开拓出"公"，尤其是自我实现的"私"，更是有利于开拓出"为大家好"的"公"。对此，在调研中，第一个由 J 街道基层政府挂牌认可的、由离退休干部为主体的中老年男士所组成的"睦邻点"——"老爸爸聊天室"的负责人说道："我们之所以关心社区公共事务，是想要表明我们虽然老了，但是我们还是可以发挥作用的。"J 街道基层政府在倡导成立社区"睦邻点"的过程中，不仅强调"三个一"（要求"睦邻点"有一个发起组织者、一套住房或一间活动室、一本活动记录台账）和"三个心"（要求"睦邻点"的发起组织者具有"爱心""公心""恒心"），同时也强调"三个自"（"睦邻点"的成立由社区居民自觉发起，"睦邻点"的成员由社区居民自发参加，"睦邻点"的活动由社区居民自由设计）。"三个自"充分体现了 J 街道基层政府对"睦邻点"成员"私"的尊重，注重保障"睦邻点"共同体生成的自愿性和"睦邻点"共同体运作的自主性，以提升"睦邻点"共同性的质量。对此，"老爸爸聊天室"的负责人说："既然我们是草根性的，那么我们自由设计，自由地去召集做什么事情，自由发展。同时我们爱好相同才会在一起，如果没有共同的爱好硬要我们在一起，那是不可能的。"J 街道基层政府正是在注重保障"睦邻点"共同体生成的自愿性和"睦邻点"共同体运作的自主性的基础之上，积极促进"睦邻点"公共性的生长，这事实上就是韩国学者金泰昌所说的"活私开公"的政府权力介入方式。这样一种"活私开公"的方式，使各个"睦邻点"的活动逐渐超越了对"私"的满足的层面，而产生了广泛的参与社区公共事务的"公"的精神。比如，"老爸爸聊天室"在以"睦邻点"的形式正式挂牌之后，逐渐超越了以前闲聊以排遣寂寞的"私"的层面，开始关心社区的公共秩序、环境卫生、助老服务等公共性事务，最为典型的是他们为社区交通拥堵出谋划策的事件，解决了社区中多年的棘手难题。

另一方面，高质量的社会组织共同性，还需要脱离相互联合的个人的营利的"私"的参与，应具有非营利性的特征，亦即社会组织共同体不因营利的"私"的动机而生成、不以营利的"私"为目标而运作。这种非营利性，显然是相对于市场组织或者说营利组织而言的。如果社会组织共同体的生成和运作渗透着个人营利的"私"的参与，那么也意味着社会组织产生了主体性缺失的问题，出现了"外形化"的现象。所以，政府权力对社会组织公共性生长的积极影响，还表现为政府通过运用自身所掌握的规制性权力，钳制社会组织成员的营利的"私"的参与，保障社会组织共同性的非营利性特征。

在这个方面，中国政府先后发布了《社会团体登记管理条例》《民办非企业单位登记管理暂行条例》《基金会管理条例》《民间非营利组织会计制度》，同时《中华人民共和国慈善法》也于 2016 年 3 月 16 日在第十二届全国人民代表大会第四次会议上获得通过，并于 2016 年 9 月 1 日起正式施行。这些法律制度文本都对社会组织所需要受到的"非分配约束"进行了规范。比如，《社会团体登记管理条例》和《民办非企业单位登记管理暂行条例》规定，社会团体和民办非企业单位不得从事营利性经营活动，任何单位和个人不得侵占、私分或者挪用社会团体和民办非企业单位的资产。《基金会管理条例》规定，基金会需要为特定的公益目的而设立，任何单位和个人不得私分、侵占、挪用基金会的财产及其他收入。《民间非营利组织会计制度》规定，民间非营利组织不以营利为目的和宗旨，资源提供者向该组织投入资源不得以取得经济回报为目的，且不享有该组织的所有权。《中华人民共和国慈善法》规定，慈善组织不以营利为目的，慈善组织的财产不得在发起人、捐赠人以及慈善组织成员中分配，任何组织和个人不得私分、挪用、截留或者侵占慈善财产。此外，在《社会团体登记管理条例》和《民办非企业单位登记管理暂行条例》发布之后，国务院法制办政法司和民政部民间组织管理局对"非营利性"做出了这样的解释:"非营利性组织和营利组织的主要区别,不在于是否营利,而在于营利所得如何分配。目前国际上比较一致的观点是,第一,非营利组织的资产及其所得,任何成员不得私分,不得分红;第二,非营利组织注销后,剩余财产应移交同类非营利组织,用于社会公益事业的发展。"① 这样一些规定就在于钳制社会组织成员的营利的"私"的参与,以保障社会组织共同性的非营利性特征。依据这些规定,无论是民政部门还是业务主管单位在对社会组织进行管理的过程中,都把社会组织是否遵循"非营利性"原则作为管理的重要内容,以提升社会组织的共同性质量。

三 促进社会组织公共性的直接展现

"个人"是社会组织公共性的生长原点,"共同性"是社会组织公共性的生长基轴,但"个人"与"共同性"本身并非等同于社会组织公共性,而只不过是社会组织公共性得以展现的前提条件。如前所述,社会组织公共性包括实践系谱的公共性和言论系谱的公共性两种基本形态,具体体现为社会组织的公共服务提供功能和公共言论生产功能。改革开放以来,政府权力对社会组织公共性生长的积极影响,还表现为直接促进社会组织的公共服务提供和公共言论生产。

(一) 促进社会组织的公共服务提供

改革开放以后,中国民众对于公共服务的需求迅速扩张,且呈现出多样化、异质性的发展趋势,而伴随着政府权力的调适,政府在公共服务提供上的职能出现了缩减,从而使得公共服务的需求增长与公共服务的提供不足的矛盾日益凸显。正是缘于此,当代中国政府日益重视社会组织发展,而重视社会组织发展的最为主要而直接的目的就是让社会组织来充当公共

---

① 国务院法制办政法司、民政部民间组织管理局:《〈社会团体登记管理条例〉〈民办非企业单位登记管理暂行条例〉释义》,中国社会出版社,1999,第19页。

服务的提供者，以弥补政府在公共服务提供上的不足，满足民众日益增长的对于公共服务的多样化、异质性的需求，实现良好的公共治理。为此，对于社会组织公共性的生长，当代中国政府比较侧重于支持社会组织公共服务提供功能的发展。这样一种侧重性的支持，具体表现在两个方面：一是侧重于发展基本上行使公共服务提供功能的服务型社会组织，为服务型社会组织的发展创造了相对良好的政策准入环境。由此，从数量上来看，当前活跃在中国的绝大多数社会组织属于基本上行使公共服务提供功能的服务型社会组织，而具有倡导功能或者说倡导功能相对较强的社会组织数量则比较少。① 二是侧重于通过资助补贴、政府购买服务等方式，为基本上行使公共服务提供功能的服务型社会组织的发展创造相对良好的政策支持环境。其中，政府购买服务是非常典型的政府支持社会组织公共服务提供功能发展的方式，当前在中国，无论是中央政府、地方政府，还是各个具体的政府部门（包括群团组织），都日益重视购买社会组织的服务，购买服务的内容和范围也不断扩大，覆盖到了教育、养老、医疗卫生、社区服务等众多的公共服务领域。

就中央政府而言，近些年来中央政府不断强调推进政府购买社会组织服务。2010 年 2 月 4 日，国务院总理温家宝在省部级主要领导干部专题研讨班上，强调了规范政府购买社会组织服务的重要性和紧迫性。2011 年 7 月 15 日，民政部发布了《中国慈善事业发展指导纲要（2011—2015 年）》，明确提出要建立和实施政府购买社会组织服务制度，推动政府购买社会组织服务。2012 ～2017 年中央财政连续 6 年安排 2 亿元专项资金，用于支持社会组织参与社会服务。2012 年 11 月 14 日，《民政部　财政部关于政府购买社会工作服务的指导意见》出台，加大了政府对社会工作的财政支持力度。2013 年 9 月 26 日，《国务院办公厅关于政府向社会力量购买服务的指导意见》发布，强调了政府购买社会组织服务的重要性、总体方向和具体推进方式，为全国范围的政府购买社会组织服务实践提供了顶层设计。2013

---

① 参见康晓光《依附式发展的第三部门——第三部门的环境分析》，载康晓光、冯利主编《中国第三部门观察报告（2011）》，社会科学文献出版社，2011，第 35 页。

年 11 月 12 日，党的十八届三中全会通过了《中共中央关于全面深化改革若干重大问题的决定》，该文件多次强调社会组织参与各类社会事务和公共服务。2013 年 12 月 4 日，《财政部关于做好政府购买服务工作有关问题的通知》下发，从财政的角度提出了政府购买社会组织服务的进一步要求。可见，近些年来中央政府对政府购买社会组织服务这一块非常重视，社会组织公共服务提供功能的发展迎来了顶层政策支持的春天。

就地方政府而言，近些年来全国各地政府也日益认识到政府购买社会组织服务的重要性，不断出台政策文件，加大资金投入力度。以上海为例，上海是中国政府购买社会组织服务的最早试点地区。与国内其他地区相比，上海相关的政策文件在数量和涉及层面上都处在全国领先地位，推动了政府购买社会组织服务向制度化、规范化方向发展。2007 年 4 月，浦东新区政府办公室率先印发了《浦东新区关于政府购买公共服务的实施意见（试行）》。2010 年 3 月，闵行区出台了《关于规范政府购买社会组织公共服务实施意见（试行）》的通知，明确了政府购买社会组织服务的指导思想、基本内涵、实施原则和操作规程等内容。2011 年 4 月，上海市委办公厅、市政府办公厅印发《关于进一步加强本市社会组织建设的指导意见》，提出对协助政府参与社会管理和公共服务的社会组织，要通过项目招标、合同管理、评估兑现等形式，建立政府购买服务机制，并强调政府部门要将购买服务的资金列入部门年度预算，并逐步扩大购买服务的比例。之后，静安区、长宁区和松江区相继出台了政府购买社会组织服务的专门性指导意见或实施办法。2012 年，上海市财政局印发了《上海市市级政府购买公共服务项目预算管理暂行办法》和《上海市市级政府购买公共服务项目目录（2013 年度）》，全市初步形成了从公益创投到公益招投标，再到政府制度化购买社会组织服务的社会组织培育机制。2012 年 6 月 1 日上海市实施的《社区公益服务项目绩效评估导则》（上海市地方标准），是国内首个社区公益服务项目地方标准。正是在这样的政策环境下，上海市各政府部门——包括群团组织——日益重视购买社会组织服务。比如，2014 年，上海市各区县残联购买助残服务项目达 94 项，项目资金达 1.18 亿元。2015 年，嘉定区确定了 23 个助残项目，资金投入达到了 1392 万元，通过招标由 19 家社会组织承接。

（二）促进社会组织的公共言论生产

社会组织的公共言论生产功能是社会组织公共性展现的另一种形态，其对于推进当代中国国家治理体系和治理能力的现代化、实现政治秩序和社会秩序的良性建构具有重要的价值。社会组织的公共言论生产功能，具体表现为社会组织可以充当某些社会群体的利益代言者或者说可以作为某些社会群体利益诉求表达的组织化载体，同时也表现为社会组织可以就某些公共议题或公共问题以组织化的形式发表自己的意见、看法或建议。在当代中国，尽管政府对于社会组织公共性生长，比较侧重的是社会组织公共服务提供功能的发展，但也日益认识到社会组织公共言论生产功能在现代国家建设中的重要价值，开始注重有序发挥社会组织在公共利益维护、公共秩序建构和公共政策制定中的积极作用。

2006 年，党的十六届六中全会通过的《中共中央关于构建社会主义和谐社会若干重大问题的决定》，在强调社会组织的公共服务提供功能的同时，明确提出要发挥各类社会组织在反映诉求方面的作用。2007 年，党的十七大报告进一步提出要发挥社会组织在扩大群众参与、反映群众诉求方面的积极作用，增强社会自治功能，并将社会组织的发展作为"发展基层民主，保障人民享有更多切实的民主权利"的重要内容。2012 年，党的十八大报告强调要引导社会组织健康有序发展，充分发挥群众参与社会管理的基础作用，并在"完善基层民主制度"的内容中提出要发挥基层各类组织协同作用，实现政府管理和基层民主有机结合。2013 年，党的十八届三中全会通过的《中共中央关于全面深化改革若干重大问题的决定》提出要激发社会组织活力，并强调要拓宽社会组织的协商渠道，构建程序合理、环节完整的协商民主体系。2014 年，党的十八届四中全会通过的《中共中央关于全面推进依法治国若干重大问题的决定》，强调要发挥社会组织在法治社会建设中的积极作用，建立健全社会组织参与社会事务、维护公共利益的机制和制度化渠道，发挥社会组织对其成员的权益维护作用。2015 年 1 月 1 日施行的修订后的《中华人民共和国环境保护法》规定，对污染环境、破坏生态，损害社会公共利益的行为，符合条件的社会组织可以向人民法院提起诉讼。2016 年中共中央办公厅、国务院办公厅印发的《关于改革社会组织管理制度促进社会组织健康有序发展的意见》，提出要促进社会组织真正成为提供服务、反映诉求、规范行为、促进和谐的重要力量。可见，在国家政策层面，近些年来不仅强调了社会组织的公共服务提供功能，也强调了社会组织的公共言论生产功能，逐步建构起了促进社会组织公共性生长的顶层政策框架。

各地方政府近些年来也日益认识到社会组织公共言论生产功能的重要价值，日益注重发展社会组织的公共言论生产功能。以上海为例，上海2011 年印发了《关于进一步加强本市社会组织建设的指导意见》，提出："要逐步在各级党代表大会、人民代表大会中增加社会组织代表的比例，在各级人民政治协商会议中增加社会组织委员的数量，鼓励社会组织积极参政议政，合理表达利益诉求。各级党委、政府要建立与社会组织沟通协商机制，在制定公共政策、编制发展规划、进行重大决策过程中，采取调研、咨询、听证等形式，认真听取、积极采纳相关社会组织的意见和建议。"依据这一文件精神，在 2011 年区县换届中，区县社会组织共有 723 人当选党代表、人大代表和政协委员，其中专职工作人员 78 人，兼职工作人员 645人。在市党代会和市政协换届中，各有 2 名社会组织专职工作人员当选为党代表和政协委员。2014 年底，上海发布了《关于组织引导社会力量参与社区治理的实施意见》，也强调要"增加党代表、人大代表和政协委员中来自社会组织的代表名额，有序拓宽其政治参与渠道"。可见，无论是在国家政策层面还是在地方政策层面，在重视发展社会组织的公共服务提供功能的同时，都开始注重为社会组织公共言论生产功能的发展创造良好的环境和条件。

四　本章小结

改革开放以来，中国社会组织之所以会出现数量上的迅速增长并日益展现出建构公共性的力量，其中关键性的推动因素就是政府权力的调适在控制和支持两个维度对社会组织公共性生长所产生的积极作用。这种积极作用，主要表现在三个方面：一是改革开放以来政府权力的调适，不断确立了"私"的存在和价值的正当性，日益释放了社会形态的"公"的空间，从而为社会组织公共性生长创造了基础性的前提和条件；二是改革开放以来政府运用其所掌握的能够作为资源的权力来指向性地促进社会组织共同性的生成，并通过权力的积极运用保障社会组织共同体生成的自愿性和社会组织共同体运作的自主性，进而提升社会组织共同性的质量；三是改革开放以来政府权力直接面对社会组织的公共服务提供功能和公共言论生产功能，为这两个功能的发展创造了良好的政策环境和条件。

第六章

政府权力对社会组织公共性生长的消极影响

改革开放以来，尽管中国社会组织在数量上得到了迅速发展并日益展现出了建构公共性的力量，但从目前来看，社会组织公共性依然存在"组织外形化""弱正外部性""偏向性生长"三个方面的明显不足。这三个方面明显不足的背后存在政府权力对社会组织公共性生长所产生的消极性影响因素。本章继续在模式导向研究的基础之上，进行问题导向的研究，基于控制和支持两个维度分析政府权力对当代中国社会组织公共性生长所产生的消极影响。

一 "全能型政府"的路径依赖制约

在以往国家主义公共性结构形态中，政府垄断了公共性，扮演了一种全能主义的为民谋幸福的角色。改革开放以来，尤其是 20 世纪 90 年代以后，中国公共性结构形态发生了从国家主义公共性向多元主义公共性的深刻结构转型，公共性的建构主体开始从"垄断"走向"扩散"，以往扮演全能主义角色的"全能型政府"开始向"有限型政府"转变。但是，当代中国从国家主义公共性向多元主义公共性的转型尚处在初步的过程中，多元主义公共性还只是初具雏形，政府权力的运作在理念和行为上还存在对以往"全能型政府"的显性路径依赖，这样一种路径依赖制约了社会组织公共性的生长。

（1）由于"全能型政府"的路径依赖，政府组织与从其中分化出来的或在其主导下自上而下生成的社会组织，往往存在明显的"权威—依附"关系，这种"权威—依附"关系制约了社会组织公共性的生长。当前中国相当多的社会组织是直接从政府组织中分化出来的或者是直接在政府主导下自上而下建立起来的，这些社会组织尽管具有了社会组织的形式，却往往受到政府直接的干预和控制，往往充当的是政府的附属组织、延伸组织甚至是职能部门的角色。田凯通过对中国慈善组织与政府关系的研究，指出当前中国的慈善组织尽管都具有"民间非营利组织"的外形，但更像是政府的一个部门，都是依托于政府的民政部门建立的，受到政府直接的干预和控制，其主要成员来自政府，并以与政府极其相似的逻辑在运作，存在明显的"组织外形化"的现象。[①]

笔者 2014 年 4 月通过对上海市 J 区的街镇残疾人服务社（以下简称残疾人服务社）的调研，看到了这样一种典型的现象。残疾人服务社在名义上是民办非企业单位，但事实上是街镇残联[②]的附属组织。在 2010 年以前，残疾人服务社承担的都是街镇残联的一些行政性事务，诸如落实残疾人在劳动保障、康复、救助、就业等方面的政策，其运作经费完全来自残联拨款和街镇财政拨款，其工作人员属于政府购买岗位，工资由区财政和街镇财政共同支付。2010 年，J 区街镇残疾人服务社进行了社会化改革，残疾人服务社的法人以前都是由街镇残联理事长亦即街镇民政科长兼任的，改革后由街镇招聘编制外的社会人士来担任，同时残疾人服务社开始承接区残联的公益项目。但是，尽管进行了社会化改革，残疾人服务社依然需要承担街镇残联的行政性事务，其工作人员依然属于政府购买岗位。于是，残疾人服务社一方面需要承担很多行政性事务，另一方面又要做专业性的项

---

① 参见田凯《组织外形化：非协约束下的组织运作——一个研究中国慈善组织与政府关系的理论框架》，《社会学研究》2004 年第 4 期。

② 残联尽管在制度文本的定位上是"人民团体"，但是依据"国家与社会"的分析框架，残联无论是在人员身份、资金来源还是在运作方式上，都典型地属于国家的范畴，是国家集合体的一个组成部分。笔者在调研中也了解到，S 市 J 区街镇残联和街镇民政科是相互交叉的，残联的理事长由民政科长兼任，残联的专职工作人员是公务员身份，残疾人服务社也都把残联当成"政府"来看待。为此，本书把残联视为"政府组织"。

目工作，而残疾人服务社的工作人员的薪酬与承接的项目之间并没有关联性，是通过政府购买岗位的方式由财政支付的。由此而产生的问题的是：其一，残疾人服务社依然充当的是街镇残联的附属组织，存在明显的"组织外形化"现象。在访谈中，有残疾人服务社负责人说道，他们需要承担很多项目之外的行政性事务，他们的工资由残联确定，自身没有自主性，街镇残联就是他们的上级，他们是为街镇残联服务的。其二，由于残疾人服务社承担着很多行政性事务且其工作人员的薪酬与承接的项目之间没有关联性，从而影响到了残疾人服务社专业主义的成长，使残疾人服务社产生了"业余主义"和自我满足的"弱正外部性"的问题。对此，有残疾人服务社负责人谈道，他们既要做一些事务性的工作，又要做一些项目性的工作，两头兼顾，很累很难，这种现象影响到了他们的职业定位，他们不知道该往哪个方向去发展，他们想专业性地把项目做好，但是很多事务性的工作影响到了他们的精力；同时，他们不做项目，就是做政策执行，而做项目，工资还是这么多，因而在做项目的积极性和动力方面存在问题，他们现在是凭热情在做项目。

（2）由于"全能型政府"的路径依赖，一些政府部门尚缺少清晰的政社合作理念，存在行政化介入或越俎代庖式干预社会组织行为的思维和习惯，从而制约了社会组织公共性的生长。当前，一些政府部门一方面接受了政社合作的理念，希望社会组织能够帮助政府提供公共服务，以减轻自身负担，弥补自身在公共服务提供上的欠缺和不足，提升政府公共服务提供的能力，因而存在向社会组织让渡或转移公共服务事项的意愿和需求。另一方面，又缺少清晰的政社合作理念，不尊重社会组织的独立性、自主性、专业性和创新性，习惯于行政化地介入或者越俎代庖式地干预社会组织的行为，从而挤压了社会组织开拓公共性的空间，不利于社会组织公共性的生长。

笔者 2014 年 4 月在对 H 组织（民办非企业单位）进行调研的过程中，H 组织负责人讲到了这样一个案例：

　　某政府部门的科长找到 H 组织负责人，说领导要他们做一项工作，而他们科室只有两个人，所以想委托 H 组织来做这个项目。H 组织负责人答应承接这个项目，然后由专业社工做了一个完整、专业的运作方案。方案做好之后，H 组织与该政府部门进行讨论座谈。在讨论座谈的时候，H 组织负责人说该政府部门根本不能理解他们的运作方案，不尊重他们的独立性、自主性、专业性和创新性。比如，在这个方案中，H 组织就怎么丰富老百姓活动这一方面提出，由于需要请人演出，要求项目费中有演出的人头费用，结果该政府部门领导说："你要叫这个演出，我来叫就好了，我来叫不要钱的，你来叫还要叫一个人 50 块、100块。"最后，尽管方案做得很完整、很专业，但因为观念差异而不了了之。H 组织负责人说，这就是一个政社分开的理念问题，如果没有清晰的政社分开理念，政府部门的工作只会越做越多。

总而言之，由于当前中国从国家主义公共性向多元主义公共性的转型尚处在初步的过程中，多元主义公共性还只是初具雏形，政府权力的运作在理念和行为上存在对以往"全能型政府"的显性路径依赖，政府权力的调适所释放的社会形态的"公"的空间还比较有限，公共性建构主体呈现出来的还只是一种"大政府、小社会"的结构形态。同时，国家形态的"公"与社会形态的"公"之间还缺乏清晰的界限，政府对社会形态的"公"的空间的培育和发展，往往又伴随着对社会自主性的侵害。所以，"全能型政府"的路径依赖直接制约了当前中国社会组织公共性的生长。不仅如此，"全能型政府"的路径依赖还使得很多社会组织对政府存在一种过度依赖的心理，这种过度依赖的心理同样制约了社会组织公共性的生长。笔者 2014 年 4 月在对上海市 J 区的街镇残疾人服务社调研过程中，发现尽管残疾人服务社普遍抱怨自身自主性缺失，需要承担大量的行政性事务，但又普遍不愿意成为一个独立于政府的社会组织，因为一旦成为独立的社会组织，就意味着失去了政府的托底和保障，他们认为这样会缺乏"安全感"。社会组织这样一种对政府的过度依赖心理，是社会组织外形化和"弱正外部性"的重要原因。此外，"全能型政府"的路径依赖，还会使民众对由政府来提供社会公共服务或管理社会公共事务产生过度依赖的心理。这种过度依赖心理降低了民众通过合作的方式提供社会公共服务或者管理社会公共事务的主动性和积极性，同时使得社会组织提供社会公共服务或者管理社会公共事务的行为难以获得民众广泛的认可和支持，同样不利于社会组织公共性的生长。

二 "控制型管理"的消极控制约束

依据英国学者迈克尔·曼（M. Mann）的观点，政府（国家）权力可以二分为强制权力和基础权力两种权力形态。[①] 这就是说，政府权力是强制权力和基础权力的复合性构成。强制权力和基础权力具有不同的性质，但两者对于任何国家或地区的政府而言都是不可或缺的，只不过不同国家或地区的政府在这两种权力形态的构成上或者强弱的相对程度上会存在差异而已。依据迈克尔·曼的观点，政府所拥有的强制权力从本质上而言是一种针对社会的带有强制性的支配权力，它属于个体权力（distributive power）[②] 的范畴，强调单向度地、不顾抵抗地贯彻政府的意志，而不需要与社会群体进行例行性的协商。强制权力的运作不会在政府与社会之间发生权力总额的变化，只是会在政府与社会之间产生不同的权力分配，亦即"政府强，社会则弱；社会强，政府则弱"，因此强制权力的运作具有零和博弈的性质。与强制权力不同，政府所拥有的基础权力从本质上而言是一种深入社会的渗透权力，属于集体权力（collective power）范畴，强调通过与社会力量的合作而"贯穿"社会、协调社会生活。基础权力是一个双向车道，它的运作使得政府与社会之间发生了紧密的相互渗透，从而带来了"1 + 1 > 2"的结果，亦即权力总额的增长，也就是"社会强，政府亦强；社会弱，政府则弱"，因而基础权力的运作具有合作共赢的性质。正是由于政府权力

---

① 参见〔英〕迈克尔·曼《社会权力的来源》第 2 卷上册，陈海宏等译，上海世纪出版集团、上海人民出版社，2007，第 68 ~ 72 页。

② 迈克尔·曼认为，个体权力为针对他人强制性地实施控制的权力，而集体权力则是人们在合作中能据以增进他们对第三方或自然界的权力。参见〔英〕迈克尔·曼《社会权力的来源》第 1 卷，刘北成、李少军译，上海世纪出版集团、上海人民出版社，2007，第 8 ~ 9 页。

是具有不同属性的强制权力和基础权力的复合性构成，政府的形象也因此而成为一个矛盾的复合体：它一方面作为"统治者"而存在，对嘲弄其权威的人施以可怕的威胁，其最根本的工具是暴力；另一方面则是作为"乞求者"而存在，体现为更多的是生长于社会之中，而非仅仅凌驾于社会之上，其最根本的工具是忠诚或者合法性。①

从政府权力中强制权力的维度来看，强制权力作为一种个体权力，源于政府通过对暴力的合法垄断而管理社会的需要，因而对社会组织具有天然的管理功能。这种管理功能对于社会组织公共性生长可能会是一种积极的规制力量，亦可能会是一种消极的控制力量。任何国家或地区的政府都需要具有一定的强制权力，以维持正当的政治秩序和社会秩序，实现社会的公平正义。但是，如果强制权力过于强大，超越基础权力成为一种主导性的权力形态，那么，由于其零和博弈的运作性质，则会压抑社会的生机和活力。就社会组织公共性生长而言，适当运作的专制权力作为一种积极的规制力量，可以钳制社会组织公共性的流失和防范社会组织公共性的偏离，使社会组织运作在法律的边界之内，尤其是运作在"非营利性"的轨道之上，从而可以从管理的维度促进社会组织公共性的良性生长。但是，如果强制权力过于强大或者运作不适当，则会产生对社会组织的过度或不适当的介入和干预，这样就会限制社会组织公共性生长的空间，损害社会组织共同性的自愿性、自主性乃至非营利性，产生不利于社会组织公共性生长的消极控制效果。对此，有学者指出："权力控制的强化、权力控制传统的积淀，都会削弱社会公众行动的自主性，产生出不利于人们合作与积极性发挥的消极效果。因而，姑且不从民主的角度上说，仅仅从效率的角度，我们也需要对于权力体系予以警惕。"②

改革开放以来的中国，一方面，政府针对国家主义公共性的负面效应和日益凸显的适应性困境，面对社会公共服务需求的日益增长和多元化、

---

① 参见〔美〕米格代尔《强社会与弱国家——第三世界的国家社会关系及国家能力》，张长东等译，江苏人民出版社，2009，第 2～3 页。

② 陶传进：《控制与支持：国家与社会间的两种独立关系研究——中国农村社会里的情形》，《管理世界》2008 年第 2 期。

异质化的发展趋势，希望社会组织能充当政府的助手或帮手，弥补政府在公共服务提供上的缺陷和不足，以实现社会的良性治理；另一方面，由于存在对以往国家主义的路径依赖，政府依然习惯于通过强制权力的运作来支配社会，并赋予其价值的优先性，为了防止社会组织公共性生长所产生的公共影响力削弱政府支配社会的强制权力，政府对社会组织的发展构筑了比较高的准入门槛，施加了比较严格的限制，由此形成了对社会组织的"控制型管理"模式。"控制型管理"是政府强制权力运作偏向于对社会组织公共性生长的消极控制的产物，其优先性的价值取向在于控制或支配社会组织，防止社会组织公共性生长削弱政府的强制权力，从而维系政府支配社会的权威地位。当然，"控制型管理"也包括钳制社会组织公共性流失和防范社会组织公共性偏离的内容，但是由于其优先性的价值取向不在于此，因而在钳制社会组织公共性的流失和防范社会组织公共性偏离上缺少科学、细致的制度规范和严格执行制度规范的运作体系，存在较多的对社会组织开拓公共性行为的随意性过大的行政性介入和干预行为。不过，需要指出的是，政府对社会组织的控制并非一种一体化的模式，由于不同种类的社会组织在功能上和挑战政府的能力上有所不同，政府对不同种类的社会组织所施加的控制策略也会有所不同。所以，康晓光等学者把这样一种多元化的控制策略称为"分类控制"。他们指出："面对众多的社会组织，原有的国家支配社会的模式逐渐瓦解，取而代之的是一套新的国家支配体制——分类控制体系。在这种新的国家与社会关系中，'国家控制社会'是其根本的特征。……在新的控制体系中，实施什么样的控制策略和控制强度，取决于政府的利益需求以及被控制对象的挑战能力和社会功能。"[①] 尽管康晓光等学者的"分类控制"模式存在本书第四章中所述的局限性，但是却深刻地揭示了政府为了维护自上而下支配社会的权威地位，对社会组织公共性生长所施加的消极控制的结构性现象。显然，消极控制构成了"控制型管理"的基本特征，不利于社会组织公共性生长空间的拓展，不利

---

① 康晓光、韩恒：《分类控制：当前中国大陆国家与社会关系研究》，《社会学研究》2005年第6期。

于社会组织共同性的生成和质量的提升，是制约社会组织公共性生长的重要因素。

典型案例：

　　某基金会发起了一个平台性的公益筹款活动，该活动的基本运作方式是参与者通过暴走的方式来进行善款募集，然后把募集到的善款用来资助儿童领域的民间公益项目。2013 年，该基金会确定了 400 支队伍 2000 余人参与此次活动。但是，在该活动举行之前，有 8 支队伍却因政府部门的要求突然被该基金会取消了参与资格。这 8 支队伍都是通过抽签和公证程序获得了参与资格，在获得参与资格之后便启动了筹款活动，并已经将先期筹集到的款项打入了该基金会的账户，但突然被通知取消了参与资格。于是，这 8 支队伍找该基金会讨要说法，而该基金会却不能给出明确的有说服性的理由。此一事件经网络传播、媒体报道之后，引起了公众的广泛讨论，对该基金会和政府都产生了负面影响。该基金会由于夹在政府与公众之间，一时成为矛盾的焦点，同时也显得非常无奈和被动：一方面需要服从政府的要求，如果不服从则可能会面临整个活动被取消的风险；另一方面又要承受着这 8 支队伍"步步紧逼"讨要说法的压力。对于政府而言，要求取消这 8 支队伍的参与资格，自然有政府的原因和考虑，但是却缺乏清晰的法律依据和理由，因而难以服众。在访谈中，该基金会秘书长说道，现在政府对社会组织的管理还不理性、不成熟，处理某些事情还比较简单粗暴，不让你参加你就不要参加。站在这 8 支队伍的角度来看，他们只是做一些公益的活动，不让他们参加，事实上剥夺了他们的正当权利。

　　　　　　　　　　　　　资料来源：笔者 2013 年 6 月实地调研。

三　"工具性支持"的工具主义局限

　　从政府权力中基础权力的维度来看，基础权力作为一种集体权力，源于政府通过与社会力量合作而渗透社会的需要，对社会组织具有天然的支持功能。这种支持功能对于社会组织公共性生长而言无疑是一种积极的外部促进力量。在现代国家中，基础权力的重要性其实要远远胜过强制权力。对此，迈克尔·曼强调："现代国家的非寻常的力量是基础的。"① 米格代尔把政府对社会的控制划分为三个层级，亦即服从、参与和合法性。② 依据米格代尔的观点，政府通过强制权力的运作或者说惩罚和武力的威慑所导致的社会服从仅仅只是社会控制的初级层面；而政府通过基础权力的运作所带来的公众参与的增长和合法性认同的提升则是社会控制的更为高级的层面，尤其是合法性，它是决定政府强度的最有力的因素。这就是说，政府的强弱程度，主要是由基础权力来决定的，一个"强政府"应当是一个拥有强基础权力的政府，而非简单通过惩罚和武力的威慑迫使社会服从的政府。政府通过基础权力的运作，可以扮演赋能型政府（enabling state）③ 的角色，对社会组织公共性生长在组织、实物、政策、权威等方面提供资源支持，从而促进社会组织公共性生长。反过来，社会组织公共性生长又可以使社会组织更好地充当政府渗透社会的基础设施，从而增强政府的基础权力，促进政府公共性的增长，实现社会组织公共性与政府公共性的协同共进。

但是，需要指出的是，尽管学术界对基础权力与强制权力的二元划分存在广泛的学理认同，但基础权力与强制权力事实上是糅合在一起的，缺乏清晰的边界，也不可能单独地分开运作，基础权力的运作必然受到强制权力的影响。如果在政府的权力结构中，强制权力处于一种主导性的地位，则会倾向于强调支配、服从和秩序的价值，并赋予其相对于自由、同意和参与价值的优先性。于是，由于受到强制权力的主导性影响，基础权力对社会组织公共性生长的支持，就会生成一种"工具性支持"的模式，而这

① 〔英〕迈克尔·曼：《社会权力的来源》第2卷上册，陈海宏等译，上海世纪出版集团、上海人民出版社，2007，第70页。
② 参见〔美〕米格代尔《社会中的国家——国家与社会如何相互改变与相互构成》，李杨、郭一聪译，江苏人民出版社，2013，第54页。
③ 参见 N. Gilbert and B. Gilbert, *The Enabling State*, Oxford University Press, 1989。

种"工具性支持"模式对社会组织公共性生长存在支持的局限性。"工具性支持"模式的典型特征可以概括为两个方面：一是由于支配、服从和秩序相对于自由、同意和参与的价值优先性，政府倾向于自上而下地支配社会、居高临下地俯视社会，而把社会置于一种被动、服从的地位，因而社会组织不被政府视为在公共治理中相对于政府而言的自由而平等的合作主体，而是被政府视为"分忧解愁"的工具性角色，存在"支配—服从"和"中心—边缘"的结构性特征。依据张康之的观点，在这种不对等的关系结构形态下，政府与社会组织之间不可能生成真正的合作，而至多只会生成一种协作的状况，而这样一种协作的状况对于社会组织公共性与政府公共性的协同共进以及由此而带来的公共利益的维护和增进会存在局限性。① 二是由于支配、服从和秩序相对于自由、同意和参与的价值优先性，政府会有选择性地支持那些"可控的"②、公共言论生产功能较弱的、有助于延长政府手臂的社会组织发展，而对于那些具有相对自主性活动领域的、对政府而言缺少工具性价值的，尤其是那些自发生成的具有较强公共言论生产功能的社会组织则支持较少，甚至限制其发展，从而不利于社会组织公共性生长，尤其是会导致社会组织公共性的"偏向性生长"。

在改革开放以来的中国，伴随着社会从国家中的释放并不断成长的过程，政府为了实现对社会的有效渗透，基础权力事实上在不断地增强。政府基础权力的不断增强，对社会组织公共性生长构成了一种日益积极的外部支持力量，但是由于存在以往国家主义的惯性，在政府的权力结构中，强制权力依然处于主导性的地位，因而基础权力对社会组织公共性生长的支持，生成了一种"工具性支持"的模式。

一方面，从关系结构的维度来看，政府在支持社会组织发展的同时，秉持的是一种"单中心"的治理思维，不把社会组织视为自由而平等的合作主体，而是视其为一种延长政府手臂的工具性组织。因此，政府虽然重视支持社会组织发展，但不注重在激发社会组织主体性活力的基础之上发

---

① 参见张康之《行政伦理的观念与视野》，中国人民大学出版社，2008，第349~351页。

② "可控的"社会组织，主要指的是从政府组织中分化出来的社会组织或者在政府主导或推动下建立起来的有官方背景的社会组织。

展与社会组织之间自由而平等的关系结构，而是在支持社会组织发展的同时，顺势建构出了一种政府与社会组织之间"权威—依附"的垂直性或等级化的关系结构。在这样一种关系结构中，政府居于权威、中心和主导的地位，社会组织充当的是辅助政府、支持政府、服务于政府的下承包组织、延伸组织甚至附属组织的工具性组织角色，社会组织在公共服务提供或公共事务管理上缺乏与政府之间对等性的交流对话、谈判协商的地位，其存在的主要价值是为政府"分忧解愁"。

另一方面，从支持策略的维度来看，政府对社会组织的支持存在一种工具主义的动机和行为。这种工具主义的动机和行为有以下几个明显的特征：一是体现在政府对社会组织类型的"选择性支持"上。政府倾向于支持那些"可控的"、基本上行使公共服务提供功能的、有助于延长政府手臂的社会组织的发展，而对于那些具有相对自主性活动领域的、对政府而言缺少工具性价值的，尤其是那些自发生成的具有较强公共言论生产功能的社会组织则存在忽视、排挤甚至限制的现象。二是体现在政府对社会组织功能的"选择性支持"上。政府倾向于通过资助补贴、购买服务等方式支持社会组织公共服务提供功能的发展，而对社会组织的公共言论生产功能存在忽视、轻视甚至限制的现象，社会组织公共言论生产功能因此而缺少足够的制度生长空间，由此导致了社会组织公共性的"偏向性生长"。当然，政府对社会组织在类型和功能上的"选择性支持"事实上是不能分开的，对社会组织类型的"选择性支持"也体现了对社会组织功能的"选择性支持"。反过来，对社会组织功能的"选择性支持"也体现了对社会组织类型的"选择性支持"。三是体现在政府对社会组织的具体支持方式上。政府对社会组织的支持，比较倾向于先把社会资源集中到政府手中，然后再通过资助补贴、政府购买服务等方式把社会资源转移到社会组织上；而在通过税收优惠、慈善抵扣、放开社会募捐资格等方式促进社会资源直接流向社会组织上存在明显不足。也就是说，政府对社会组织的支持，比较倾向于"在浴缸里面养鱼"的支持方式。当前中国，从整体上而言，社会组织还存在比较重的税务负担，大部分在民政部门登记注册的社会组织被排除在免税资格和公益性捐赠税前扣除资格之外，而即便是对于那些获取到免税资格的社会组织，也通常只是免掉其所得税而已，还存在营业税以及其他的附加税收的税务负担。同时，拥有社会公开募捐资格的机构长期以来局限于红十字会、慈善总会和公募基金会等少数机构，公募权长期以来成为公益慈善界的"稀缺资源"，绝大部分社会组织长期以来不能面向社会公众进行公开的社会募捐。这就造成大量的资源集中在少数组织手中，由各级政府和有关部门创办的1000多家公募基金会、数千家慈善总会和2000多家半官半民性质的红十字会，垄断了全国90%以上的慈善捐赠资源。[①] 这个方面的问题引起了广泛的关注，《中华人民共和国慈善法》正视了这个方面的问题，这样的现象将会逐步得到改变。

"工具性支持"和"控制型管理"其实是相伴随的，其工具主义的理念对于社会组织的主体性生产和公共性生长存在支持的局限，会阻滞当代中国多元主义公共性的形成和发展。尤其是对于那些超出政府工具主义支持范畴的社会组织而言，会由于资源的供给不足而难以充分而有效地发挥开拓公共性的功能，因为政府有能力允许或限制社会组织获取并非来自政府的社会资源。[②] 那些得不到政府支持的社会组织，事实上也难以从社会中获取到生存和发展所需的资源。

四　本章小结

当代中国社会组织公共性所存在的"组织外形化""弱正外部性""偏向性生长"三个方面明显不足的背后，存在政府权力对社会组织公共性生长所产生的消极性影响因素。概括而言，这种消极性影响主要表现在三个方面：一是当代中国从国家主义公共性向多元主义公共性的转型尚处在初步的过程中，多元主义公共性还只是初具雏形，政府权力的运作在理念和行为上还存在对以往"全能型政府"的显性路径依赖，这样一种路径依赖

---

① 参见冯利、章一琪《公益领域："行政化"与"去行政化"的双重变奏》，载康晓光、冯利主编《中国第三部门观察报告（2014）》，社会科学文献出版社，2014，第14页。

② 参见 C. Hsu, "Beyond Civil Society: An Organizational Perspective on State-NGO Relations in the People's Republic of China,", *Journal of Civil Society*, Vol. 6, No. 3, 2010, pp. 259 – 277。

制约了社会组织公共性生长。二是在改革开放以来的中国，政府对社会组织的管理生成了一种"控制型管理"的模式，这种"控制型管理"模式由于其消极控制的基本特征，不利于社会组织公共性的良性生长。三是在改革开放以来的中国，政府对社会组织的支持生成了一种"工具性支持"的模式，这种"工具性支持"模式由于其工具主义的理念，对于社会组织的主体性生产和公共性生长存在支持的局限。

第七章

社会组织公共性生长中政府权力的基础性调适

基于前文的叙述和分析，当前中国面对社会组织公共性生长，政府权力还需要进行进一步调适。这种调适需要从两个层面来展开：一是从基础性的层面，要求明确和把握政府权力进一步调适的基本价值取向，以及进一步地推进政府从"全能型政府"向"有限型政府"转型，以便为社会组织公共性生长创造基础性的制度条件。二是从指向性的层面，需要针对"控制型管理"和"工具性支持"的局限性，注重推进政府对社会组织的管理从"控制型管理"向"发展型管理"转型，以及推进政府对社会组织的支持从"工具性支持"向"主体性支持"转型。本章首先叙述社会组织公共性生长中政府权力的基础性调适。

一　基本价值取向：实现公共性协同共进

由于政府自身的局限性，政府公共性存在必然的限度，政府单一主体的力量难以满足社会的公共需求，难以实现社会的良好治理，难以达成理想的公共利益目标状态，在当前这样一个充满复杂性、动态性、异质性和多元性的社会环境下更是如此。长期以来，中国处在一种国家主义公共性的结构形态之中，这种国家主义公共性在展现其相对于传统权威主义公共性的进步价值的同时，又日益暴露出了其局限性。而这样一种局限性恰恰就是源于政府自身的局限性，表明了政府单一主体建构公共性存在必然的限度。为此，当前中国需要注重进一步调适政府权力，摆脱以往国家主义公共性的路径依赖，促进社会组织公共性的良性生长，同时实现社会组织公共性与政府公共性的协同共进。

（一）政府局限性与政府公共性的限度

在本书中，政府公共性也称政府组织公共性，同样是从公共性的建构主体的角度来予以理解的，关注的是政府组织作为主体而建构公共性的功能问题，表现为以政府组织为主体而建构的公共权力领域。这种公共权力领域属于公共领域的范畴，但不同于以社会组织为主体而建构的公共领域，它是以公共权力为基础的，时常会伴有命令和义务的因素，而妨碍或不服从政府行为的个人或组织，则会受到公共权力的惩罚。所以，正如有学者所指出的那样，对于政府而言，"公共性确实存在由国家机关所垄断的暴力来保证的一面"。① 也正是基于此，政府公共性与社会组织公共性，即便是指向同样的对象，并具有同样的效果，其在性质上也是存在区别的。政府作为"公共权力机关"，之所以具有公共性，是因为它担负着为全体公民谋幸福这样一种使命。② 政府存在和发展的价值使命，就是基于其所掌握的公共权力，来克服人类社会存在的诸种"私"的缺陷，追求公共利益。所以，无论古今中外，政府都是公共性建构的主角性力量，这样一种主角性力量发挥的极端形态就是全能主义政府。中国公共性结构形态从权威主义公共性转变成为国家主义公共性之后，政府就成为一种全能主义政府。此时，政府权力超越了自身的限度，几乎成为公共服务提供或者公共事务管理的唯一主体，而社会则严重依赖于政府，往往只是被动性地参与公共服务的提供或者公共事务的管理。

但是，政府毕竟不是万能的，政府存在自身难以避免的局限性，依靠

---

① 〔日〕佐佐木毅、〔韩〕金泰昌：《社会科学中的公私问题》，刘荣、钱昕怡译，人民出版社，2009，第 243 页。
② 参见〔德〕哈贝马斯《公共领域的结构转型》，曹卫东等译，学林出版社，1999，第 2 页。

政府单一主体的力量来建构公共性存在必然的限度，这就与全能主义政府的角色定位产生了冲突，使得全能主义政府注定只能是一种特定历史时期的特殊存在。在当前这样一个复杂、异质、多元且快速变化的现代社会，政府不应该也无法扮演唯一的公共性建构力量，政府需要通过与社会各种力量之间的互动以及社会责任的共负，来共同建构公共性，共同维护和增进公共利益。概括而言，政府自身的局限性及其所导致的政府公共性的限度主要表现在两个方面。

一是政府能力有限与政府公共性的限度。任何政府组织的能力都是有限的，而社会的公共需求是无限的，这就决定了政府不可能成为公共服务提供或公共事务管理的唯一主体，尤其是在现代社会复杂性程度大大提高的情况下更是如此。美国学者沃尔夫指出："当面临的问题增加，政府无法解决时，往往会产生建立新机构的需要，从而导致更深刻的失败。"① 如果所有公共服务的提供或公共事务的管理都单纯地依赖于政府，必然会导致政府机构的膨胀、官僚主义的盛行、工作效率的低下、治理成本的无限增长以及社会生机与活力的压抑，并不可避免地会把政府拖入到财政、管理、信任等各方面的治理危机中，从而影响到公共利益的维护和增进，甚至导致政治秩序和社会秩序的严重紊乱。

二是政府自利行为与政府公共性的限度。政府公共性是建构在公共权力的基础之上的，而公共权力来源于维护和增进公共利益的需要，本质上是一种凝聚和体现公共意志的力量。作为"公共权力机关"的政府是为社会公众所有的，政府掌握和运用公共权力的目的与合法性就在于追求公共利益。但是，这只是一种应然层面的理解，政府的实际运作可能会偏离甚至远远偏离这样一种应然的要求，因为政府也并非超脱于个人自身利益的大公无私的神圣组织，而同样是有着自身利益的个人结合而成的共同体，甚至西方政治思想家把政府视为一种"必要的恶"。一种最普遍的政府失败就是政府中的管理者或者公共服务提供者将他们的个人利益或小团体利益放到了第一位，而把委托人和顾客的利益放到了其次，甚至抛到了脑后。

---

① 〔美〕艾伦·沃尔夫：《合法性的限度》，沈汉等译，商务印书馆，2005，第377页。

政府不是神造的物，它并没有无所不在和正确无误的天赋。① 官僚并不总是代表公共利益，也并不一定比经济领域、社会领域中的行为者在道德上更为高尚。他们的行为实际上也经常为个人利益所驱动，他们有设法实现自身利益和部门利益最大化的动机。尽管他们可能会有为"公共利益"服务的愿望，但这种愿望只不过是他们每天面临的许多诱因之一而已。一旦个人有利可图的欲望成为更强有力的诱因，那这种诱因就可能会压倒为"公共利益"服务的愿望。此时，公共权力的行使者就可能会偏离公共角色规范和公共权力行使规则，使公共权力运行偏离"公共性"，从而不利于维护和增进公共利益。

（二）政府权力调适与公共性协同共进

正是基于政府自身的局限性及其所导致的政府公共性的限度，当前中国面对社会组织公共性生长，政府权力进一步调适的基本价值取向，就是要进一步发挥自身的积极作用，规避自身的消极影响，促进社会组织公共性的生长，并通过社会组织公共性的生长来弥补和克服政府的局限性，促进政府公共性的增长，进而实现社会组织公共性与政府公共性的协同共进，最终达到维护和增进公共利益的目的。这样一种基本价值取向，事实上意味着政府权力调适指向的就是走向"合作治理"模式。有学者指出："如果从公共利益的原点出发去思考社会治理的问题，就会合乎逻辑地得出结论，包括政府和一切社会自治性力量在内的公共组织，都应当是服务于公共利益的，它们应当在维护和增进公共利益的共同目标下开展广泛的合作，共同去营建合作的治理模式。"② 合作治理，一方面强调的就是政府与社会组织服务于公共利益的应然的、共同的、根本的目的，另一方面强调的就是社会组织公共性与政府公共性可以实现协同发展、相互增权和相得益彰。

当前学术界有一种论调，认为社会组织公共性与政府公共性是一种零和博弈关系：社会组织公共性生长会缩小政府在公共空间中行动的范围，

---

① 参见赵汉平《西方经济思想库》第 3 卷，经济科学出版社，1997，第 314 页。
② 参见张康之《行政伦理的观念与视野》，中国人民大学出版社，2008，第 350 页。

削弱政府在公共空间中的权威和影响，甚至会产生直接挑战或抗衡政府的对立力量，从而会弱化政府公共性；反过来，社会组织公共性生长代表独立于政府的公共领域的拓展，政府权力的介入会产生不利于人们合作与积极性发挥的消极效果，从而会妨碍社会组织公共性生长，因而强调政府退出。这样一种零和博弈论，源于对政府权力的简单化理解，亦即把政府权力简单地理解为具有零和博弈运作性质的强制权力的单一性构成。事实上，正如前文所述，政府权力并非一种单一性构成，而是强制权力和基础权力的复合性构成，并且在现代社会，基础权力的重要性远远胜过强制权力，所以基础权力成为现代社会衡量政府强弱的主要尺度。基础权力不同于强制权力，它的运作具有合作共赢的性质，会使政府与社会发生紧密的相互渗透，从而带来权力总额的增长。正是由于基础权力的运作具有合作共赢的性质，因而社会组织公共性与政府公共性可以实现协同共进。同时，正是由于在现代社会，基础权力的重要性远远胜过强制权力，因而把强制权力限定在适度的范围之内，努力增强基础权力，促进社会组织公共性生长，发展与社会组织之间的合作性互动关系，实现社会组织公共性与政府公共性的协同共进，是现代政府的合理性选择。从国际学术界的主流论说来看，20 世纪 90 年代中期以来主要强调的也是国家与社会的相互增权、公私部门的伙伴关系，从而形成一个国家行政能力强大、社会组织富有活力的新局面。① 并且，这样一种论说，不仅只是一种理论上的逻辑演绎，同时也是对经验事实的总结，这些经验事实来自世界各国，既包括发达的市场经济体，也包括发展中国家。② 从中国的现实情况来看，社会组织公共性与政府公共性的协同共进也正在成为一种事实和趋势。在中国许多领域，诸如教育、环境、医疗保健等领域，日益增长的社会组织卷入与日益增加的政府投入经常是齐头并进的，中国的社会组织不仅没有扮演一种让政府退出或放弃

---

① 参见顾昕《公民社会发展的法团主义之道——能促型国家与国家和社会的相互增权》，《浙江学刊》2004 年第 6 期。

② 参见顾昕等《公民社会与国家的协同发展——民间组织的自主性、民主性和代表性对其公共服务效能的影响》，《开放时代》2006 年第 5 期。

其职责的角色，似乎还产生了相反的影响。①

　　社会组织公共性生长之所以能弥补和克服政府的局限性，促进政府公共性的增长，是基于社会组织在公共服务提供和公共言论生产上的显著功能：一方面，社会组织相对于政府而言，由于其社会性的根本属性，能够更加贴近服务对象，提供个性化、专业化、多样化的公共服务，能够调动更多的人力资源和社会资源参与公共服务的提供，因而可以从政府体系外部弥补政府在公共服务提供上的缺陷和不足，激活或填充公共服务领域中被政府所遗漏的盲区。正是基于此，政府通过与社会组织在公共服务提供上的合作，可以克服政府单一主体提供公共服务所必然会导致的机构膨胀、官僚主义、负担过重、效率低下等问题，从而可以促进政府公共性的增长，并最终达到维护和增进公共利益的目的。另一方面，社会组织的公共言论生产功能，可以推进公民参与从个体化、原子化的参与走向组织化、合作化的参与，从而提升公民参与的水平和质量，而公民参与则是克服政府因能力有限和自利行为而导致公共性流失或偏离的重要力量。新公共服务理论将公民置于政府治理系统的中心位置，突出强调"公务员的首要作用乃是帮助公民明确阐述并实现他们的共同利益，而不是试图去控制或驾驭社会"②，并认为"满足公共需要的政策和项目可以通过集体努力和合作过程得到最有效并且最负责的实施"。③ 同时，需要指出的是，"在个人利益和公共利益还存在着差异的社会里，在权力的所有者和权力的行使者还处于相对分离的状态下，权力必须受到制约"④，而组织化、合作化的公民参与是约束公共权力行使，保障政治家和公务人员"公共人"角色的最有效的力量之一。正如阿尔蒙德（G. A. Almond）和维巴（S. Verba）指出："'普通的'人对政府的影响，肯定是小的。与政府的力量相比——这既适用于国

① C. Hsu, "Beyond Civil Society: An Organizational Perspective on State-NGO Relations in the People's Republic of China," *Journal of Civil Society*, Vol. 6, No. 3, 2010, pp. 259-277.

② 〔美〕罗伯特·B. 丹哈特、〔美〕珍妮特·V. 丹哈特：《新公共服务：服务而非掌舵》，刘俊生译，《中国行政管理》2002 第 10 期。

③ 〔美〕珍妮特·V. 登哈特、〔美〕罗伯特·B. 登哈特：《新公共服务：服务而不是掌舵》，丁煌译，中国人民大学出版社，2004，第 132 页。

④ 张贤明：《论政治责任》，吉林大学出版社，2000，第 122 页。

家级政府也适用于地方政府——他的确是一个赢弱的小东西。如果普通人要有任何政治影响，就必定要与其伙伴们共同努力。"① 弗雷德里克森（H. G. Frederickson）也指出："公共之所以丧失，是因为人们似乎不能或不愿意组织起来，参与到以维护共同利益为目的的治理共同体之中，公共之所以丧失，是因为它不能像公共那样行事。"②

正是由于社会组织公共性生长对于政府公共性增长具有重要的促进作用，一个负责任的政府需要以维护和增进公共利益为根本目标，通过权力的调适，来促进社会组织公共性生长，亦即促进社会组织公共服务提供功能和公共言论生产功能的发展，并使之转化为政府渗透社会的基础设施，实现社会组织公共性与政府公共性的协同共进，打造政府与社会组织之间的合作治理格局。在这样一种合作治理格局下，政府与社会组织通过在公共服务提供上的资源交换、信息共享与合作行动，实现了公共服务提供功能的协同共进和相得益彰。同时，政府通过开放公共事务的治理边界，建构起政府与社会组织之间沟通协商、交流对话的互动网络，"打破了公共政策政治目标的单一性，使政策走出单纯对政治机构负责的单线的线性关系形态"③，从而在促进社会组织公共言论生产功能发展的同时，有利于凝聚共识，防范政府的不合理行为对公共利益的损害。合作治理并不排斥政府的作用，相反，一个负责、高效、法治的政府是有效治理的必要条件。合作治理也不盲目崇拜政府权力，相反，它是建构在社会组织公共性生长的基础之上的。"在社会自治力量成长的过程中，一方面，会促进政府的变革，使政府朝着公共性增长的方向发展，并能够更多地作出维护和增进公共利益的行为选择；另一方面，会造就出政府与社会自治力量共同治理的合作治理体系，并把合作治理作为一个可以最终用合作利益替代剥削利益的最新治理模式。"④

---

① 〔美〕加布里埃尔·A. 阿尔蒙德、〔美〕西德尼·维巴：《公民文化——五个国家的政治态度和民主制》，徐湘林等译，东方出版社，2008，第 185 页。
② 〔美〕乔治·弗雷德里克森：《公共行政精神》，张成福等译，中国人民大学出版社，2003，第 21 页。
③ 张康之：《论参与治理、社会自治与合作治理》，《行政论坛》2008 年第 6 期。
④ 张康之：《走向合作治理的历史进程》，《湖南社会科学》2006 年第 4 期。

二 基础制度条件：从"全能型政府"到"有限型政府"

前文已述，社会组织公共性生长遵循着"个人→共同性→公共性"的基本逻辑，因而要促进社会组织公共性持续、健康而有活力的生长，首先需要注重激发"个人"原点的动力，尊重个人"私"的存在和价值，保障个人"私"的权利，释放个人的自主性和能动性，从而为社会组织公共性的生长构筑基础和让渡空间。这就要求从以往国家主义公共性结构形态中走出来，推动政府从"全能型政府"向"有限型政府"转型。在改革开放以来的中国，政府已经开始从"全能型政府"向"有限型政府"转型。但是，由于当前中国从国家主义公共性向多元主义公共性的转型还处在初步的过程中，依然存在对以往国家主义公共性的显性路径依赖，从"全能型政府"向"有限型政府"的转型还远未完成。要进一步调适政府权力，推进政府从"全能型政府"向"有限型政府"转型，以便为社会组织公共性生长创造基础性的制度条件，需要注重以下两个方面。

（一）注重"分权"的改革路径

"全能型政府"是在"全能主义"指导思想下运作的，依据邹谠的观点，"全能主义"指的则是"政治机构的权力可以随时地、无限制地侵入和控制社会每一个阶层和每一个领域"。[①]"全能主义"和"集权主义"是两个不同的概念，"集权主义"并不意味着就是"全能主义"。正如有学者所说："世界上产生集权主义政治的国家极多，但是产生全能主义政治的国家却不多。"[②]但是，需要指出的是，"全能主义"一定是"集权主义"，"全能型政府"就是一种高度行政集权的政府，也正是基于这样一种高度行政

---

① 邹谠：《二十世纪中国政治——从宏观历史与微观行动的角度看》，牛津大学出版社，1994，第 69 页。

② 郭坚刚、席晓勤：《全能主义政治在中国的兴起、高潮及其未来》，《浙江学刊》2003 年第 5 期。

集权，政府权力才实现了无限的扩张。这种高度行政集权表现在两个方面：其一，在政府权力体系内部，行政权力高度向中央政府集中，纵向权力强大，而横向权力则被纵向权力所严重切割和抑制，表现为一种高度中央集权的权力形态，政府体系的活力向上集中到了金字塔式的权力体系顶部，而地方和基层则缺乏应有的能动性和创造性。其二，在政府与社会的权力关系上，高度中央集权的权力形态必然会延伸到政府与社会的关系上，从而使得政府全面支配着社会，而社会则全面依附于政府而呈现一种软弱无权的状态。政府权力的无孔不入，使得政府权力可以随意地介入私人领域，不尊重个人"私"的存在和价值，不注重保障个人"私"的权利，从而抑制了个人的自主性和能动性，压抑了社会的生机和活力，由此破坏了社会形态的"公"的基础。

高度行政集权的"全能型政府"的优势，在于可以实现分散的资源高效、合理而集中的使用，因而在特定的历史时期是有必要的。但是，其最大的弊端在于过于强调中央政府的责任和能力，从而压抑了地方政府、基层政府和社会的积极性、能动性和创造性，不利于达成一种多元主体共同参与的富有持续活力和创新性的治理格局。对此，托克维尔尖锐地指出："行政集权只能使它治下的人民萎靡不振，因为它在不断消磨人民的公民精神。不错，在一定的时代和一定的地区，行政集权可能把国家的一切可以使用的力量集结起来，但将损害这些力量的再生。"[1] 托克维尔的观点或许有些言过其实，但也确实难以争辩地指出了行政集权的主要弊端。同时，与"全能型政府"的权力无限扩张相伴随的是责任的无限承担。这样一种责任的无限承担，必然会使政府处于一种超负荷的状态，从而会导致政府机构的膨胀、官僚主义的盛行、工作效率的低下和治理成本的增长，并最终损害政府的合法性，影响到政治秩序和社会秩序的良性建构。因此，对于当代中国而言，积极推进政府从"全能型政府"向"有限型政府"转型，是实现国家治理体系和治理能力现代化的必然要求。

从"全能型政府"向"有限型政府"转型，需要从理念和体制的层面

---

① 〔法〕托克维尔：《论美国的民主》上卷，董果良译，商务印书馆，1995，第110页。

摆脱以往高度行政集权的桎梏，注重"分权"的改革路径，构建一种更为分权的治理体制。"有限型政府"的理念源自西方近代的政治学说，最早对"有限型政府"进行系统论述的学者是英国著名的政治思想家洛克。洛克把政府视为一种"必要的恶"，为防止政府权力对个人生命权、财产权和自由权的侵犯，强调要为政府的行为设置底线，构建"有限型政府"，而"分权"和"法治"则是其"有限型政府"理论的两个重要方面的内容。① 可见，"有限型政府"与"分权"之间存在密切的逻辑关联。有学者指出："有限政府和分权管理实质上是一个问题的两个方面。如果把有限政府当作一种理念的话，那么分权管理在某种程度上则是有限政府的一种表现形式。"② 当然，就当前中国而言，从"全能型政府"向"有限型政府"的转型，需要考虑中国的现实，不能完全依据西方政治学说的分权理念，不能一味地强调解构政府的权威尤其是中央政府的权威，但是从理念和体制的层面摆脱以往高度行政集权的桎梏，构建一种更为分权的治理体制，不仅在学术界是广为认同的，同时也已经成为新的历史时期政府改革的一种基本方向。

对于当前中国而言，推进政府从"全能型政府"向"有限型政府"转型，构建更为分权的治理体制，从基本路径选择的层面来看，需要注意两个方面。

（1）在政府权力体系内部，需要注重纵向权力的收缩和调适以及横向权力的扩张和增强。也就是说，政府组织体系在"条""块"权力的配置上，需要注重收缩和调适"条"的权力，增强"块"的权力的统筹配置，以激发地方政府和基层政府的积极性、能动性和创造性，构建更为有效性、灵活性和适应性的大国治理体制。托克维尔强调："一个中央政府，不管它如何精明强干，也不能明察秋毫，不能依靠自己去了解一个大国生活的一切细节。它办不到这一点，因为这样的工作超过了人力之所及。当它要独

① 参见〔英〕洛克《政府论（下篇）——论政府的真正起源、范围和目的》，叶启芳、瞿菊农译，商务印书馆，1996。
② 竺乾威：《有限政府与分权管理——美国公共管理模式探析》，《上海师范大学学报》（哲学社会科学版）2013 年第 5 期。

立创造那么多发条并使它们发动的时候，其结果不是很不完美，就是徒劳无益地消耗自己的精力。"①在当前中国，中央政府也正在强调简政放权，以发挥中央和地方两个积极性。党的十八届三中全会通过的《中共中央关于全面深化改革若干重大问题的决定》明确提出：要进一步简政放权，深化行政审批制度改革，最大限度地减少中央政府对微观事务的管理，对于那些直接面向基层、量大面广、由地方管理更方便有效的经济社会事项，一律下放地方和基层管理；要完善立法、明确事权、改革税制、稳定税负、透明预算、提高效率，建立现代财政制度，发挥中央和地方两个积极性；要优化政府机构设置、职能配置、工作流程，完善决策权、执行权、监督权既相互制约又相互协调的行政运行机制；等等。这些事实上就是从政府权力体系内部"分权"的层面，为推进政府从"全能型政府"向"有限型政府"转型谋划了路径。

（2）在政府与社会的权力关系上，需要注重政府权力的收缩和调适以及社会权力的扩张和增强。政府需要注重收缩和调适伸入社会领域中的权力，尊重个人"私"的存在和价值，保障个人"私"的权利，以个人"私"的权利来为政府的行为设置"底线"，从而释放个人的自主性和能动性，激发社会的生机和活力，提升社会的自我运转和自我管理能力以及社会对于政府权力的矫正和完善功能，彰显社会组织相对于政府而言的主体性地位，让公民的集体力量创造出更多的社会福利。"传统的等级制政府模式根本就不能满足这一复杂而快速变革的时代需求。靠命令与控制程序、刻板的工作限制以及内向的组织文化和经营模式维系起来的严格的官僚制度，尤其不适宜处理那些常常要超越组织界限的复杂问题。"② 在当前这样一种多元化、异质性、快速变化的时代，政府一方面需要通过政府权力体系内部的"分权"来推进自身的扁平化改革；另一方面也需要注重把自身的权力限定在适度的范围之内，通过积极向社会领域"分权"，为社会形态的"公"的生长构筑基础和让渡空间，并在此基础之上积极打造政府与社

① 〔法〕托克维尔：《论美国的民主》上卷，董果良译，商务印书馆，1995，第114页。
② 〔美〕斯蒂芬·戈德史密斯、〔美〕威廉·D.埃斯特：《网络化治理：公共部门的新形态》，孙迎春译，北京大学出版社，2008，第6页。

会组织之间的合作治理格局，以满足民众的公共需求，建构良性的公共秩序，更好地维护和增进公共利益。在当前中国，政府也已经重视通过向社会领域"分权"，来推进从"全能型政府"向"有限型政府"转型。党的十八届三中全会通过的《中共中央关于全面深化改革若干重大问题的决定》，明确提出要"激发社会组织活力"，强调要正确处理政府和社会关系，加快实施政社分开，推进社会组织明确权责、依法自治、发挥作用；适合由社会组织提供的公共服务和解决的事项，交由社会组织承担；支持和发展志愿服务组织；限期实现行业协会商会与行政机关真正脱钩；等等。这些都表明政府向社会领域"分权"，已经成为当前中国政府从"全能型政府"向"有限型政府"转型的基本路径选择。

（二）注重法治的建设途径

"全能型政府"由于是在"全能主义"指导思想下运作的，政府权力可以随时、无限制地介入社会的每一个领域，而不会受到法律的严格限制，因而"全能型政府"的运作事实上是脱离法治轨道的。邹谠指出："全能主义政治与全能主义政治制度的基本特点是：一个社会中没有一个政治权力机构不能侵犯的领域。也就是说，这个社会中个人或群体的自由和权力没有受到道德、法律、宪法的保障。人们自由活动范围的大小和内容，是政治权力机构决定的。"[①]"全能型政府"的运作，遵循的其实是一种"权治"的模式。在这种"权治"模式下，政府权力凌驾于道德和法律之上，可以不顾道德和法律的规范和约束，随意地介入社会的任何领域，包括应该由个人支配和决定的私人领域。由此，在"全能型政府"模式下，个人"私"的存在和价值得不到有效确立，个人"私"的权利得到不到足够的法律保障，从而压抑了个人的自主性和能动性，制约了社会的生机和活力，阻滞了社会形态的"公"的生长。

"有限型政府"不同于"全能型政府"，其遵循的是一种法治的运作模

---

① 邹谠：《二十世纪中国政治——从宏观历史与微观行动的角度看》，牛津大学出版社，1994，第71页。

式。可以说，离开了法治，"有限型政府"也就无从谈起。洛克在论述其
"有限型政府"思想时，就突出强调了法治的重要作用，认为法治是实现
"有限型政府"不可或缺的重要途径。"政府所有的一切权力，既然只是为
社会谋幸福，因而不应该是专断的和凭一时高兴的，而是应该根据既定的
和公布的法律来行使；这样，一方面使人民可以知道它们的责任并在法律
范围内得到安全和保障，另一方面，也使统治者被限制在它们的适当范围
之内，不致为他们所拥有的权力所诱惑，利用他们本来不熟悉的或不愿承
认的手段来行使权力。"① 正是基于"有限型政府"与法治之间的密切逻辑
关联，有学者指出"有限型政府"即指"政府自身在规模、职能、权力和
行为方式上受到法律和社会的严格限制和有效制约"。"法治的最重要的政
治职能就是铲除无限政府，确立和维持一个在权力、作用和规模上都受到
严格的法律限制的'有限的政府'。"②

为此，当前中国要推进政府从"全能型政府"向"有限型政府"转型，
除了需要注重上述"分权"的改革路径之外，还需要注重法治的建设途径，
而法治事实上也已经成为当前中国政府所特别强调的一个主题。政府权力
具有自我扩张的本性，同时政府权力的掌握者也不是天使，并不一定比其
他人在道德上更为高尚，一旦政府权力的掌握者超越了法律的限制，政府
权力"恶"的一面就可能会显现出来，从而可能会成为侵犯个人"私"的
权利、损害社会"公"的利益、抑制社会生机和活力的负面力量。洛克指
出，如果政府权力不受法律限制，那么人类社会的处境将会比自然状态更
坏。"如果以公众的集体力量给予一个人或少数人，并迫使人们服从这些人
根据心血来潮或直到那时还无人知晓的、毫无拘束的意志而发布的苛刻和
放肆的命令，而同时又没有可以作为他们行动的准绳和根据的任何规定，
那么人类就处在比自然状态还要坏得多的状况中。"③ 所以，当前中国要推

---

① 〔英〕洛克：《政府论（下篇）——论政府的真正起源、范围和目的》，叶启芳、瞿菊农
译，商务印书馆，1996，第 86 页。
② 燕继荣：《从"行政主导"到"有限政府"——中国政府改革的方向与路径》，《学海》
2011 年第 3 期。
③ 〔英〕洛克：《政府论（下篇）——论政府的真正起源、范围和目的》，叶启芳、瞿菊农
译，商务印书馆，1996，第 86 页。

进政府从"全能型政府"向"有限型政府"转型，必须使政府权力受制于法治，以法律来规范和限制政府权力。事实上，当前中国已经走进了一个重视法治的时代。党的十八届三中全会通过的《中共中央关于全面深化改革若干重大问题的决定》强调，要建设法治中国，坚持依法治国、依法执政、依法行政共同推进，坚持法治国家、法治政府、法治社会一体建设；强调要把权力关进制度的笼子，推行地方各级政府及其工作部门权力清单制度，依法公开权力运行流程；等等。而党的十八届四中全会通过的《中共中央关于全面推进依法治国若干重大问题的决定》更是强调，要形成完备的法律规范体系、高效的法治实施体系、严密的法治监督体系、有力的法治保障体系，并为建设中国特色社会主义法治体系、建设社会主义法治国家进行了战略部署。这些都为推进政府从"全能型政府"向"有限型政府"转型指明了法治建设的途径。

三 本章小结

当前中国面对社会组织公共性生长，政府权力需要进行进一步的调适，这样一种调适首先需要在基础性的层面展开。社会组织公共性生长中政府权力的基础性调适，需要明确和把握政府权力进一步调适的基本价值取向。这种基本的价值取向就是要进一步发挥政府权力的积极作用，同时积极规避政府权力的消极影响，促进社会组织公共性的生长，并通过社会组织公共性的生长来弥补和克服政府的局限性，促进政府公共性的增长，进而实现社会组织公共性与政府公共性的协同共进，最终达到维护和增进公共利益的目的。同时，基于社会组织公共性生长的基本逻辑，社会组织公共性生长中政府权力的基础性调适，需要进一步推进政府从"全能型政府"向"有限型政府"转型，以为社会组织公共性生长创造基础性的制度条件。而要进一步推进政府从"全能型政府"向"有限型政府"转型，需要注重两个方面：一要从理念和体制的层面摆脱以往高度行政集权的桎梏，注重"分权"的改革路径，构建一种更为分权的治理体制；二要摆脱以往的"权治"运作模式，而注重法治的建设途径。

第八章

社会组织公共性生长中政府权力的指向性调适

当前中国面对社会组织公共性生长，政府权力的进一步调适需要从两个层面予以展开，亦即基础性层面和指向性层面。第七章叙述了社会组织公共性生长中政府权力的基础性调适，本章在第七章的基础之上，进一步叙述社会组织公共性生长中政府权力的指向性调适。从指向性的层面来看，要促进社会组织公共性的良性生长，同时实现社会组织公共性与政府公共性的协同共进，需要针对社会组织共同性的生成和质量以及社会组织公共性的直接展现，推进政府对社会组织的管理从"控制型管理"向"发展型管理"转型，同时推进政府对社会组织的支持从"工具性支持"向"主体性支持"转型，促进社会组织真正成长为相对于政府而言的公共性建构的新主角。

一 从"控制型管理"到"发展型管理"

基于前述对"控制型管理"的描述和分析，社会组织公共性生长中政府权力的指向性调适，要努力发挥政府的强制权力对社会组织公共性生长的积极规制功能，同时积极规避政府的强制权力对社会组织公共性生长的消极控制功能，推进政府对社会组织的管理从"控制型管理"向"发展型管理"转型。

（一）"发展型管理"的基本内涵

前文已述，"控制型管理"是政府强制权力运作偏向于对社会组织公共性生长的消极控制的产物，其优先性的价值取向在于控制或支配社会组织，防止社会组织公共性生长削弱政府的强制权力，从而维系政府支配社会的权威地位。"发展型管理"不同于"控制型管理"，其强调政府强制权力的收缩，使政府强制权力限定在适当的范围之内，并使政府强制权力从一种偏向于对社会组织公共性生长的消极控制力量转变成为一种积极规制的力量，其优先性的价值取向在于钳制社会组织公共性的流失和防范社会组织公共性的偏离，进而从管理的维度促进社会组织公共性的良性生长。"发展型管理"并不否定政府对社会组织的控制，社会组织公共性的良性生长也离不开政府对社会组织的控制。"发展型管理"只是强调要调适控制的优先性价值取向，消除对社会组织公共性生长的消极控制行为，从消极控制走向积极规制，促进社会组织公共性的良性生长。

政府强制权力对社会组织公共性生长的积极规制，一方面要求政府的强制权力受到法律的严格限制，走向"法无授权不可为"，消除对社会组织开拓公共性行动的随意性过大的行政性介入或干预行为；另一方面，要求社会组织严格运作在法律的边界之内，尤其是要求社会组织严格受到"非分配约束"，阻滞影响社会组织公共性生长的不正当动机和行为的参与，防止社会组织成为公共秩序的破坏者和变相的营利组织。所以，"发展型管理"必然是"法治化管理"。同时，"发展型管理"的优先性价值取向在于通过钳制社会组织公共性的流失和防范社会组织公共性的偏离，反向性地促进社会组织公共性生长。因此，"发展型管理"需要摆脱以往对社会组织"重入口把关、轻过程管理"的消极控制模式，而走向"宽进、严管"的积极规制模式。这种"宽进、严管"的积极规制模式，一方面要求降低社会组织注册登记的门槛，为社会组织获取合法身份创造良好的制度环境；另一方面则要求发展多元化的主体从多个维度对社会组织的"立体化管理"，因为面对数量众多且正在蓬勃发展的社会组织，要有效钳制社会组织公共性的流失和防范社会组织公共性的偏离，单纯依靠政府的行政管理力量（更不用说单纯依靠某一政府部门的行政管理力量）是不可能实现的。

为此，当前中国面对社会组织公共性生长，政府权力的进一步调适，要实现从"控制型管理"向"发展型管理"的转型，一要注重对社会组织的"法治化管理"，二要注重对社会组织的"宽松化准入"，三要注重对社会组织的"立体化管理"。事实上，伴随着当前中国治理现代化的推进，以往政府对社会组织的"控制型管理"模式正在发生改变，诸多针对社会组织的行政控制手段正在逐步松绑，激发社会组织活力的思想和舆论环境也处在了前所未有的良好时期。"发展型管理"已初具雏形，但还远未达到成熟和完善的程度。

（二）注重对社会组织的"法治化管理"

从"控制型管理"向"发展型管理"转型，需要注重对社会组织的"法治化管理"。这种"法治化管理"，不单纯是为了便利于政府对社会组织的行政管理，同时也强调要限制政府权力，设置政府权力边界，规范政府的行政管理行为，为社会组织的自主运行提供空间。从当前中国的现实情况来看，关于社会组织的立法还明显滞后，从而制约了"法治化管理"的实现。这种滞后首先体现在《中华人民共和国宪法》尚未能明确规定社会组织的法律地位。"我国《宪法》对国家机关、政府组织、经济组织等的法律地位都做了规定，但唯独没有对社会组织的法律地位做出规定。"① 同时，目前中国还没有对社会组织进行统一立法，政府对社会组织管理主要依据的是"三大条例"——《社会团体登记管理条例》；《民办非企业单位登记管理暂行条例》；《基金会管理条例》。而这"三大条例"都属于行政法规，不仅其法律位阶不够，缺乏足够的约束力，同时其主要的价值取向是便利于政府对社会组织的行政管理，而在保障个人结社自由的权利、确立社会组织的独立法律地位、保障社会组织及其相关利益群体的权益、规范社会

---

① 关信平：《当前我国增强社会组织活力的制度建构与社会政策分析》，《江苏社会科学》2014 年第 3 期。

组织的运行等方面存在缺陷。对此,有学者以《基金会管理条例》为例,指出在包含几十万个案件的案例数据库里面,没有一个把《基金会管理条例》作为审判依据,《基金会管理条例》存在"零适用"的问题,而之所以如此,原因就在于其没有合理地配置诉权,主要是为了行政管理之便利。①此外,现行的《民法通则》只规定了机关法人、事业单位法人、企业法人和社会团体法人四种法人身份,这就意味着依据《民法通则》,现有的非社会团体类型的社会组织在主体地位上存在法律缺位,而这种主体地位上的法律缺位对于社会组织公共性生长是极为不利的。笔者 2013 年 6 月曾对某基金会进行实地调研。在调研过程中,该基金会的秘书长说,尽管他们的注册资金达到 400 万元,但是他们没办法向劳动部门申请见习基地,也不能为员工办理落户、人才引进居住证等手续,因为劳动部门根本就不懂得还有这种机构,不能确认其法人身份。所以,政府对社会组织的管理要真正走向"法治化管理",必须注重社会组织立法。对此,党的十八届四中全会通过的《中共中央关于全面推进依法治国若干重大问题的决定》明确提出,要"加强社会组织立法,规范和引导各类社会组织健康发展"。2016 年 3 月 16 日,《中华人民共和国慈善法》发布,意味着中国政府对社会组织的管理在走向"法治化管理"上向前迈进了一大步。

针对当前中国在社会组织立法上存在的不足,政府对社会组织的管理要进一步走向"法治化管理",需要注重以下几个方面:第一,要注重厘清社会组织与政府组织、社会组织与市场组织或者说营利组织、社会组织与组织成员以及社会组织相互之间的界限,确立社会组织独立的法律地位,赋予社会组织自主运行的空间,保障社会组织行为的有效性和规范性。对此,一方面需要注重《宪法》对社会组织基本性质和法律地位的确立;另一方面需要注重对社会组织的统一立法,制定社会组织基本法,社会组织基本法要关注为社会组织提供一个自主活动的范围,"在这个范围之内,个人可以通过组织的形式来表达自己的意愿和主张,满足自己的需要;组织

---

① 参见刘培峰等《社会组织基本法的立法思路》,《中国非营利评论》2013 年第 2 期。

可以以自己的行为发挥其在公共参与和公共治理中的作用"。① 第二，要注重法律的细致化和科学化，消除法律对社会组织规制的关键事项的模糊和空白，实现对社会组织行为的有效规范，尤其是要严格限制社会组织的利润分配请求权，使社会组织运行在非营利的轨道上。在这个方面，美国的经验和做法值得学习和借鉴。在美国，《国内税收法典》（IRC）是对美国非营利组织进行规制的主要法律之一。《国内税收法典》对非营利组织规范得非常细致。它把非营利组织划分为 30 多种类型，并针对每一种类型的非营利组织都制定了细致的行为规范，美国的非营利组织必须符合这些行为规范才能享受免税的优惠。同时，《国内税收法典》还将非营利组织的经营活动区分为"相关"和"不相关"两种类型，对相关的经营活动收入免税，而对非相关的经营活动收入征税。对此，美国国内税务局（IRS）的官员举例说："如果一个博物馆附设餐厅，餐厅的门开在大街上，而不是只能经过博物馆才能进入餐厅，这个餐厅的经营就视为与该机构无关的经营活动，其收入照章纳税。博物馆内设餐厅如果赚钱超过合理程度，国内税务局也要考虑让其缴税。再如一个非营利机构附设礼品店，与其工作相关的礼品只占很小部分，那么，超过一定比例的礼品就得缴税。"② 第三，要注重保障社会组织及其相关利益群体的权益，赋予其司法救济的通道。比如，要注重保障捐赠人的权益、会员的权益、受助人的权益以及社会组织本身的权益等，以防范和抵制影响社会组织公共性生长的非正当性行为的介入和干预。

此外，需要指出的是，政府对社会组织的管理走向"法治化管理"，对于社会组织公共性生长的价值，不仅在于对社会组织公共性的流失或偏离形成了一种积极规制的力量，同时还在于法治可以引导个人与共同体之间的公共道德观念，从而有利于突破传统差序格局的伦理关系文化对社会组织公共性生长的制约。差序格局的伦理关系文化由于其中心始终是"自我"，因而归根结底是一种"自我主义"的文化。所以，英国学者王斯福

---

① 刘培峰等：《社会组织基本法的立法思路》，《中国非营利评论》2013 年第 2 期。
② 杨团：《美国非营利组织管理》，《中国民政》1999 年第 10 期。

（S. Feuchtwang）把差序格局理解为"社会自我主义"（social egoism）①。传统中国的道德体系，也正是针对这种"自我主义"而强调了"克己"的德性。"自天子以至于庶人，壹是皆以修身为本。"② 目的就在于通过"克己"来发展公共性。然而，近代以来，伴随着中国革命现代性和市场现代性的推进，传统的以"克己"为出发点的私人道德体系逐渐淡化，而差序格局的伦理关系文化却依然顽固地存在甚至被现代性发展进一步强化，从而对社会组织公共性生长产生了文化层面上的深层制约。这种文化制约，导致当前中国很多社会组织缺乏服务于"共同体"的公共使命，而是以"自我"为中心，带有明显的服务"自我"的工具主义色彩。同时，差序格局的伦理关系文化是一种具有伸缩性的私人关系文化，在这种私人关系文化中自然会存在关系的亲疏厚薄之分，从而导致当前中国很多社会组织的内部治理和外部开拓行为经常被家人关系、亲属关系、朋友关系、熟人关系、小圈子关系等各种私人关系所限制，从而制约了社会组织公共性的生长。

所以，要促进社会组织公共性生长，需要着力于突破传统差序格局伦理关系文化的制约。对此，一方面需要注重继承和发扬传统的以"克己"为出发点的传统中国道德体系，通过"克己"来促进社会组织公共性的生长。但是，正如费孝通所指出的那样，以"克己"为出发点的传统中国道德体系，只不过是差序格局中的私人道德，并没有超越亲疏厚薄的差序特性，缺乏个人与共同体（团体）之间的公共道德要素；而要突破差序格局对于公共性开拓的文化束缚，最重要的还在于培育和发展个人与共同体之间的公共道德要素，因为"超己"的观念必须在"团体格局"中才能得以发生。③ 那么，怎样才能培育和发展个人与共同体之间的公共道德要素？对此，费孝通没有给出明确的答案，而只是看到了宗教的作用，认为西方"团体格局"中的公共道德体系，是离不开他们的宗教观念的。西方学者托克维尔同样看到了宗教对于个人与共同体之间公共道德的引导作用，但他

---

① 〔英〕王斯福：《社会自我主义与个体主义——一位西方的汉学人类学家阅读费孝通"中西对立"观念的惊讶与问题》，龚浩群、杨青青译，《开放时代》2009 年第 3 期。
② 《大学》。
③ 费孝通：《乡土中国 生育制度》，北京大学出版社，1998，第 31～36 页。

除了强调宗教的作用之外，还突出强调了法律的作用。"法律不能重新点燃已经熄灭的信仰，但能使人们关心自己国家的命运。法律能够唤醒和指导人们心中模糊存在的爱国本能，而在把这种本能与思想、激情和日常习惯结合起来时，它就会成为一种自觉的和持久的感情。"① 显然，在当代中国要改造以"己"为中心的差序格局的私人关系文化，培育和发展个人与共同体之间的公共道德文化要素，不能寄托于宗教对于民情的引导，而只能突出法律的作用。而法律之所以具有引导个人与共同体之间的公共道德的功能，是因为法律其实是底线的公共道德或者说是必须强制性要求遵循的公共道德，其规范的是个人与共同体之间以及共同体之中个人与个人、个人与组织、组织与组织之间的基本权利义务关系，可以唤醒和强化人们的共同体观念，持续性地激发人们的公共精神。

（三） 注重对社会组织的"宽松化准入"

从"控制型管理"向"发展型管理"转型，需要注重对社会组织的"宽松化准入"。"发展型管理"的优先性价值取向，不在于政府通过设置较高的准入门槛，来消极性地防范社会组织公共性生长对政府强制权力的冲击和挑战，从而维系政府支配社会的权威地位；而在于政府主动性地收缩和调适强制权力，改变以往凌驾于社会之上、自上而下消极控制社会的理念，通过积极的规制来促进社会组织健康有序发展，充分发挥其在公共性建构中的主体性作用，并在此基础之上实现社会组织公共性与政府公共性的协同共进。也就是说，"发展型管理"的优先性价值取向聚焦在"发展"上，而"控制"是服务于"发展"的，是为了"发展"而进行"控制"，这就内在地要求改变以往对社会组织获取"合法"身份构筑较高的准入门槛的这样一种"重入口把关"的消极模式，而注重对社会组织的"宽松化准入"，为社会组织获取"合法"身份创造良好的制度环境。

长期以来，中国政府对社会组织的注册登记构筑了比较高的准入门槛。例如，实行双重管理体制，社会组织要在民政部门登记注册，必须要找一

① 〔法〕托克维尔：《论美国的民主》上卷，董果良译，商务印书馆，1995，第119页。

个业务主管单位并接受其管理；限制竞争，限制在同一行政区域内注册登记多家业务范围相同或者相似的社会团体和民办非企业单位；设置较高的人员和资金方面的要求，比如注册登记社会团体，要求有 50 个以上的个人会员或者 30 个以上的单位会员，同时还要求全国性的社会团体有 10 万元以上活动资金，地方性的社会团体和跨行政区域的社会团体有 3 万元以上活动资金，等等。高准入门槛，阻碍了社会组织共同性的生成，制约了社会组织公共性生长，同时也使得那些具有较强的社会需求和成立动机但是又不能在民政部门登记注册的社会组织只能以"黑户"、"非合法"或者"工商部门注册登记"的身份而存在，从而游离在政府的正常管理体系之外，亦不能对其进行正常的法律问责。这样不仅不利于社会组织公共性生长，甚至造成了一些社会组织与政府之间的对立情绪。

正是针对社会组织注册登记的高准入门槛所产生的一系列负面影响，当前中国无论是中央政府还是地方政府都开始注重降低社会组织注册登记的准入门槛。2013 年 3 月公布的《国务院机构改革和职能转变方案》提出，行业协会商会类、科技类、公益慈善类、城乡社区服务类四大类社会组织可直接登记。同年 11 月，党的十八届三中全会通过的《中共中央关于全面深化改革若干重大问题的决定》也提出，行业协会商会类、科技类、公益慈善类、城乡社区服务类社会组织，成立时直接依法申请登记。这就意味着以往的双重管理体制开始出现松动，从而大大降低了社会组织注册登记的准入门槛。而一些地方政府在降低社会组织注册登记的准入门槛方面更是进行了积极的实践探索。比如，广东省民政厅早在 2011 年 11 月就提出，从 2012 年 7 月 1 日起，除了特别规定、特别领域之外，社会组织业务主管单位改为业务指导单位，社会组织直接向民政部门申请成立。2012 年 7 月 3 日，广东省民政厅下发了《关于进一步培育和发展行业协会商会的实施意见》，突破了以往"一业一会"的限制，允许跨区域组建、合并组建和分拆组建行业协会商会，从而使得更多的行业协会可以开展活动。2014 年 6 月通过并于 2015 年 1 月 1 日起实施的《广州市社会组织管理办法》，取消了社会团体和民办非企业单位的注册资金要求，社会团体和民办非企业单位的注册资金由"实缴制"改为"认缴制"，成立登记时不需要向登记管理机关提供验资报告；降低了社会团体的会员数量要求，规定在本市设立登记的社会团体会员数量不得少于 15 个；同时规定，在同一行政区域内，可以成立两个以上业务范围相同或者相似的社会组织；等等。这些都大大降低了社会组织注册登记的准入门槛。

但尽管如此，从整体上而言，当前中国社会组织注册登记的准入门槛依然偏高。虽然目前行业协会商会类、科技类、公益慈善类、城乡社区服务类四大类社会组织可以向民政部门直接申请登记注册，但是其他类型的社会组织注册登记依然面临着双重管理体制的门槛限制。同时，即便是这四大类社会组织也不一定能在民政部门成功实现直接注册登记。有报道指出，在广东寻求登记注册的社会组织，尽管现在可以向民政部门直接申请登记注册，但是民政部门会找各种理由拒绝，比如"名字不好"之类，甚至连一些社会组织工作人员不会讲广东话也可以成为理由。① 上海自 2014 年 4 月 1 日起对四大类社会组织实施直接登记，原先预计 2014 年度注册登记的社会组织数量将大幅增长，但事实上却出乎意料。截至 2014 年底，全市社会组织共有12363 家，年度净增数为 756 家，反而低于 2013 年度的净增数 862 家。原因在于"直接登记改革后，原来的业务主管单位转变为行业主管部门，行业主管部门不参与审批，社会组织准入登记与日常管理的压力集中到了登记管理机关，区县登记管理力量不足的矛盾更加凸显。因此，区县登记管理机关对社会组织直接登记的普遍心态是'怕出事''不敢登''不愿登'"。② 可见，四大类社会组织直接登记还没能有效地落实到程序上。除此之外，当前社会组织注册登记还面临着人员数量、注册资金、业务范围、组织名称等多方面比较严格的要求，社会组织注册登记依然是困难重重。

为此，从"控制型管理"向"发展型管理"转型，需要注重进一步放开社会组织的双重管理体制，进一步落实社会组织的直接登记，进一步放宽社会组织注册登记在人员、资金、业务、名称等方面的要求，实现对社会组织的"宽松化准入"。在这个方面，美国政府对非营利组织的"宽松化

---

① 参见冯利、章一琪《公益领域："行政化"与"去行政化"的双重变奏》，载康晓光、冯利主编《中国第三部门观察报告（2014）》，社会科学文献出版社，2014，第 10 页。

② 王劲颖：《引导社会力量参与社会治理》，《党政论坛》2015 年第 6 期。

准入"的理念和制度设计，值得学习和借鉴。美国是全球"大社会"治理的典范，美国的非营利组织非常发达并且在社会治理中扮演了甚至比政府更重要的公共性建构角色，而之所以如此，离不开美国政府对非营利组织的"宽松化准入"理念和制度设计。在美国，非营利组织可以选择注册登记，亦可以选择不注册登记①，不注册登记并不意味着组织是非法的，只要其行为不违反法律，政府部门也不会随意地干涉其组织运行。比如，在美国的居民社区中，通常都有一个叫做"邻里协会"（Neighborhood Association）的组织，这个组织由于不需要开展社会募捐，也不需要与外部其他组织发生资金往来，因而是没有进行任何注册登记的，其工作人员都为社区中不领取报酬的志愿者，其日常运转依赖的是每年每户居民所缴纳的会费，其组织功能主要就是组织开展社区公共活动、传递社区公共信息、提供社区公共服务等。而如果非营利组织需要有一个"法人"身份，则需要向所在州的州政府注册登记，而在州政府注册登记几乎是没有什么门槛的，只要组织章程符合规定，基本上可以注册成功，没有人员、资金等方面的要求。但是，非营利组织在州政府注册登记之后，只是获得了一个"法人"身份，还不能享受免税优惠。非营利组织要想获得免税资格，必须向美国国内税务局申请。向美国国内税务局申请免税资格比向州政府注册法人身份复杂得多，非营利组织必须符合美国《国内税收法典》501C 款的规定，才能获取免税资格。依据美国城市研究院非营利组织和慈善事业中心发布的《非营利部门简报（2015）》，2013 年在美国国内税务局登记的免税组织数量约为 141 万家，非营利部门对美国的经济贡献达到约 9059 亿美元，占全国 GDP 的 5.4%。②

（四）注重对社会组织的"立体化管理"

从"控制型管理"向"发展型管理"转型，还需要注重对社会组织的

---

① 在美国未注册登记的非营利组织，通常被称为志愿服务组织。

② 参见 B. S. McKeever, *The Nonprofit Sector in Brief 2015：Public Charities，Giving，and Volunteering*，Urban Institute，http://www.urban.org/sites/default/files/alfresco/publication-pdfs/2000 497-The-Nonprofit-Sector-in-Brief-2015-Public-Charities-Giving-and-Volunteering.pdf，October 2015。

"立体化管理"。"宽松化准入"和"立体化管理"是需要相伴随的，因为"宽松化准入"必然会使登记注册的社会组织数量显著增多，从而使得单纯依靠政府的行政管理力量（更不用说单纯依靠某一政府部门的行政管理力量），不能实现有效钳制社会组织公共性的流失和防范社会组织公共性的偏离。因此，要从管理的维度促进社会组织公共性的良性生长，需要注重发展多元化的主体从多个维度对社会组织的"立体化管理"。以美国为例，美国政府在注重对非营利组织的"宽松化准入"的同时，也注重对非营利组织的"立体化管理"。在美国，没有像中国这样的民政部门对非营利组织行使主管责任，国内税务局是美国对非营利组织进行规制的主要政府部门，但是国内税务局负责非营利组织这一块的工作人员数量是非常有限的。"在2004财政年度（2003年10月1日至2004年9月30日），登记的免税组织有1680061个，501C（3）款组织数为1010365个，免税组织提交申报表数为796000份，受到检查的免税组织申报表为3788份，新501C（3）款申请者为80651个，新申请者中被批准数64545个，新申请者中被否决数为1027个。在2004财政年度里，全国负责免税组织的部门职员总数为800人，国内税务局用于进行审计和审查申报表的职员人数为250～300人，在华盛顿的职员总数88人，在华盛顿办公室里有资格制定税收条款的人数为30人。"① 显然，单纯依靠国内税务局的力量没办法实现对数量众多的免税组织的有效管理。美国对非营利组织的管理，一方面依靠的是联邦和州两级政府多个部门的共同力量，尤其是依靠国内税务局、检察官和法院的力量；另一方面依靠的是行业自律、组织自律和社会监督等社会自身的力量。

当前中国要发展对社会组织的"立体化管理"模式，需要注意从四个方面予以推进。

（1）在继续发挥民政部门对社会组织的主管部门作用之外，需要注重多个政府部门各司其职地对社会组织的共同管理，共同承担管理责任。由于当前行业协会商会类、科技类、公益慈善类、城乡社区服务类四大类社会组织可以直接向民政部门注册登记，这就意味着对于这四大类社会组织

---

① 资料来源：美国国际商会网站（http://www.aiccus.org/usa/aboutnonprofit.htm）。

而言，业务主管单位作为对社会组织的管理部门退出了历史舞台。如果管理责任因此而比较单一地落在民政部门身上，必然会导致民政部门规避责任风险的心理，使得民政部门对社会组织的注册登记更为谨慎。为此，适应双重管理体制的松绑，政府部门对社会组织的管理需要走向多元化，尤其是可以考虑借鉴美国的经验，注重突出税务部门和司法部门对社会组织的管理主体地位。之所以需要注重突出税务部门对社会组织的管理主体地位，是因为社会组织若严格遵循"非分配约束"的基本规范，则应当享受免税优惠，而社会组织一旦获取了免税资格，就应当接受税务部门的规制。税务部门一旦发现社会组织的行为偏离了"非分配约束"的基本规范，就有权取消其免税资格并对其予以相应处罚。而之所以需要注重突出司法部门对社会组织的管理主体地位，是因为在法治国家建设的时代背景下，要实现对社会组织的"依法管理"，离不开司法部门的介入。一旦发现社会组织有违法行为，检察部门可以介入调查，并有权对社会组织提起诉讼，交由法院来裁决。

（2）需要注重发展社会组织的行业自律联盟或行业自律组织，积极发挥其行业自律的管理功能。国际经验表明，行业自律联盟或行业自律组织对社会组织发挥着非常重要的行为规范作用。比如，在美国存在众多的自下而上生成的行业自律联盟或行业自律组织，如美国慈善信息局（National Charities Information Bureau）、美国更好事务局委员会（The Council of Better Business Bureaus，CBBB）、马里兰州非营利组织协会（Maryland Association of Nonprofit Organizations）等，这些组织都具有强大的行业自我规范功能。以美国慈善信息局为例。该组织与美国慈善协会、加拿大基督教慈善协会共同建立了一套对公共慈善组织的评估标准，这套标准包括9个大项，分别为理事会治理、目标、项目、信息、财务支持、资金使用、年度报告、责任和预算。美国慈善信息局依据这套标准对公共慈善组织进行评估，并通过季报的形式向公众公布对公共慈善组织的评估结果，所公布的"完全符合规范"和"未完全符合规范"的组织名单能够引导社会捐赠，从而对公共慈善组织产生了强大的行业自律功能。

从当前中国的现实情况来看，尽管也存在一些行业自律联盟或行业自律组织，但是其所发挥的行业自律功能还比较赢弱，对社会组织的管理目前基本上还是依赖于政府的力量。为此，政府要注重倡导社会组织自下而上的再组织化过程，鼓励和支持社会组织行业自律联盟或行业自律组织的生成和发展，积极认可和肯定社会组织行业自律联盟或行业自律组织所制定的行业自律规范，推进社会组织的行业自我约束和规范。当前，中国很多地方正在强调枢纽型社会组织建设，而枢纽型社会组织建设需要注重在推进枢纽型社会组织"社会化"的同时，密切枢纽型社会组织与其他社会组织的伞状式联系，增强枢纽型社会组织的行业利益代表性和行业自律认同度，积极把枢纽型社会组织打造成为区域性或者领域性的行业自律组织，积极发挥其行业自律的管理功能。

（3）需要注重发展以社会组织理事会为核心载体的组织自律功能，推进社会组织的自我约束和规范。理事会治理源于西方，现在已经成为举世公认的治理社会组织的"规定形式"。理事会治理的内在逻辑就是理事会代表社会利益掌握社会组织的最高决策权，从而保证社会组织的所作所为能够对社会负责。① 在西方发达国家，非营利组织的理事会往往能够比较好地代表社会利益，约束和规范非营利组织的行为，保障非营利组织"公"的价值的实现，具有非常重要的组织自律功能。以笔者 2013 年 10 月在美国佐治亚州实地调研的一家非营利组织为例。这是一家为残障儿童和青少年提供教育服务的非营利组织，名字为"特殊人群"（Extra Special People），其服务的区域范围覆盖了佐治亚州的 8 个县。"特殊人群"理事会成员总共有16 名，而全职员工只有 4 名，另有 1 名兼职员工。这就是说，"特殊人群"理事会的成员是其全职员工的 4 倍。理事会的 16 名成员都是大学教授、私营业主、律师、医生等各行各业的有声望的人士。这些人都有较强的公民意识和社会责任感，他们有代表社会利益来监督和管理"特殊人群"的理念和意愿。同时，美国是一个重视社会信用的国家，一旦非营利组织发生丑闻，非营利组织的理事也要承担责任，其信用也会受损，从而促使理事

---

① 参见康晓光《依附式发展的第三部门——第三部门的环境分析》，载康晓光、冯利主编《中国第三部门观察报告（2011）》，社会科学文献出版社，2011，第 21 页。

代表社会利益来监督和管理非营利组织。"特殊人群"理事会内部分为 8 个小委员会，分别对组织的行政、人事、财务、项目、市场、建筑、特殊事件和发展领域进行监督和管理。"特殊人群"理事会每月组织召开一次会议，而下面的小委员会更是会不定期碰头。这些机制，保障了"特殊人群"理事会代表社会利益对"特殊人群"发挥行为约束和规范的组织自律功能。

从当前中国的现实情况来看，尽管现在大多数社会组织建立了理事会，但理事会的治理主体功能尤其是组织自律功能从整体上来看还是比较羸弱的，徒有其形而无其实仍然是一种比较普遍的现象。很多社会组织的理事会建立起来之后常年不碰头、不开会，发挥不了实质性的监督和管理功能；很多社会组织的理事只是挂名的虚职，而不承担具体的监督和管理责任，不是代表社会利益为组织决策、监督并使之履行组织使命和社会责任的人。因此，"花瓶"或者"资源库"依然是当前中国绝大多数社会组织理事会的定位。① 为此，当前中国要发展社会组织的组织自律功能，最为关键的就是要建设真正能够代表社会利益来监督和管理社会组织的理事会。具体而言，笔者认为需要注意三个方面：一要注重加强公民教育，提升民众的社会责任感，增强社会组织的理事代表社会利益来监督和管理社会组织的理念和意识；二要注重通过制度建设来对社会组织理事会在成员构成、职责功能、运作方式、理事权责等方面进行细致的规范，社会组织必须要符合这些规范才能获取到免税资格；三要注重加强社会信用体系建设，一旦社会组织出现丑闻，社会组织的理事也要承担责任，其信用也会受损。

（4）需要注重发展公众和媒体对社会组织的监督力量，通过社会监督来钳制社会组织公共性的流失和防范社会组织公共性的偏离。在西方发达国家，公众和媒体的监督是约束和规范非营利组织行为的重要力量，非营利组织的不当行为通常都是先由公众投诉、媒体曝光，然后政府部门才介入调查。而之所以在西方发达国家，公众和媒体的社会监督力量如此强大，一方面离不开其国民比较强的公民意识。只要非营利组织享受到了免税优

---

① 参见康晓光《依附式发展的第三部门——第三部门的环境分析》，载康晓光、冯利主编《中国第三部门观察报告（2011）》，社会科学文献出版社，2011，第 23 页。

惠，就意味着其具有了公共属性，那么每一位公民都有权利和责任对其进行监督；另一方面在于其拥有良好的非营利组织信息披露的制度和环境。以美国为例，美国任何公民都有权查看免税的非营利组织的免税申请文件和年度财务报表，而这些免税申请文件和年度财务报表对非营利组织的收入、支出、业务、薪酬等各方面进行了非常细致的描述和报告。同时，国内税务局也会将所有这些表格、材料统一管理，存放在公共图书馆内，以方便公众利用和监督。此外，在美国还有一些非营利组织的信息披露网站，比如非常知名的"向导之星"（Guidestar，网址是 www. guidestar. org），公众可以通过这些网站搜集和了解非营利组织的具体信息资料。

从当前中国的现实情况来看，一方面国民的公民意识相对而言还比较弱，尤其是很多民众对社会组织的公共属性还缺乏清晰的认识和了解，甚至不知道社会组织为何物，因而从整体上而言民众在对社会组织运作进行监督的理念和意识上还存在不足，从而制约了约束和规范社会组织行为的社会监督力量的发展；另一方面当前中国在社会组织信息披露的制度和环境上还存在明显不足。从目前来看，政府对基金会在信息披露上的要求相对比较严格，而对其他社会组织在信息披露上的要求还明显不够，因而很多社会组织运作不够透明，民众不清楚这些社会组织是干什么的，也不知道这些社会组织的钱从哪里来、会用到哪里，民众的知情权未能得到充分保障，从而制约了约束和规范社会组织行为的社会监督力量的发展。为此，当前中国要发展公众和媒体对社会组织的监督力量，一方面要注重加强公民教育，提升民众的公民意识和社会责任感，增进民众对社会组织公共属性的认知和了解，增强民众对社会组织运作进行监督的理念和意识；另一方面要注重完善社会组织的信息披露制度和环境，充分保障公众的知情权，社会组织一旦享受到免税优惠，政府和社会组织都有义务和责任向社会详细披露其在宗旨、项目、收支、薪酬等各方面的信息，使社会组织在阳光下运作。

二 从"工具性支持"到"主体性支持"

基于前述对"工具性支持"的描述和分析，社会组织公共性生长中政府权力的指向性调适，要主动性地收缩和调适政府的强制权力，改变强制权力的主导性地位，充分发挥政府的基础权力对社会组织公共性生长的积极支持功能，推进政府对社会组织的支持从"工具性支持"向"主体性支持"转型。

（一）"主体性支持"的基本内涵

"主体性支持"是相对于"工具性支持"而言的。如前所述，"工具性支持"是由于在政府的权力结构中，强制权力处于一种主导性的地位，从而赋予了支配、服从和秩序相对于自由、同意和参与的价值优先性的结果。因此，从"工具性支持"向"主体性支持"的转型，要求政府主动性地收缩和调适强制权力，并不断增强基础权力，发展与社会组织之间基于自由和平等身份的在公共服务提供和公共政策制定上的全面性合作关系，提升社会组织相对于政府而言的主体性地位，从支持的维度促进社会组织公共性的良性生长。

"主体性支持"强调的是，政府支持社会组织的目的，不在于强化政府与社会组织之间的"权威—依附"关系，而在于培育和发展社会组织的主体性，激发社会组织的自主性活力，促进社会组织公共性的协调性生长，使社会组织成为相对独立和自主于政府而言的公共性建构的新主角，进而促进中国的公共性结构形态从国家主义公共性向多元主义公共性转型。正如有学者所指出的那样，政府应该通过帮助向社会增加权能，让社会能够独立和自主，而不应该是通过帮助来增强社会对政府的依附，强化政府对集权的向往。① 从"工具性支持"向"主体性支持"转型有两个方面的要

---

① 参见陶传进《控制与支持：国家与社会间的两种独立关系研究——中国农村社会里的情形》，《管理世界》2008 年第 2 期。

求：一方面，要求政府转变理念，政府需要把社会组织视为相对于政府而言的自由和平等的治理主体，尊重社会组织相对于政府而言的主体性地位，注重社会组织公共性生长的价值及其对于增进政府公共性的价值，积极发展与社会组织之间的自由而平等的合作关系。这样一种理念的转变，是政府对社会组织的支持从"工具性支持"走向"主体性支持"的基本前提。另一方面，从具体的支持方式来看，政府要改变以往对社会组织的工具主义的支持方式。政府对社会组织的支持，除了需要注重通过基于公共权力的政府资源对社会组织公共性生长的高效性支持之外，还需要注重通过创造良好的制度环境和社会环境促进社会资源直接流向社会组织，同时还需要注重社会组织公共服务提供功能和公共言论生产功能的协调性生长。本章以下内容的叙述就是围绕这三个方面来展开的。

正如"控制型管理"和"工具性支持"是相伴随的，"发展型管理"和"主体性支持"亦是相互契合的。"发展型管理"蕴含了对社会组织自由而平等的主体地位的尊重，以及强调对社会组织主体性生产和公共性生长的反向性支持；而"主体性支持"也要求改变以往对社会组织消极控制的管理模式。当前中国伴随着政府权力的调适，政府对社会组织的支持开始发生从"工具性支持"向"主体性支持"的转型。但是，正如"发展型管理"还远未达到成熟和完善的程度，从"工具性支持"向"主体性支持"的转型同样还任重而道远。

（二）促进政府资源高效性地注入社会组织

从"工具性支持"向"主体性支持"转型，需要注重促进政府资源高效性地注入社会组织。在此所述的"政府资源"，指的是政府基于其所掌握的公共权力而拥有的能够直接促进社会组织公共性生长的资源，比如组织资源、实物资源、权威资源、关系资源等。而在此所说的"高效"，一方面强调的是政府资源的合理化使用，另一方面强调的是政府资源对社会组织公共性生长的支持能够带来最好的公共治理效果。具体而言，需要注意以下几个方面。

（1）注重以提升公共治理效益为基本导向。所谓公共治理效益，指的就是公共治理所占用和消耗的资源与公共治理的效果之间的一种比较。如果公共治理所占用和消耗的资源比较少，而公共治理的效果比较好，则公共治理的效益比较高；反之，如果公共治理所占用和消耗的资源比较多，而公共治理的效果比较差，则公共治理的效益比较低。从当前中国的现实情况来看，政府对社会组织提供资源支持，存在一些公共治理低效益的不良现象。这种不良现象主要表现在两个方面：一是政府所占用和消耗的资源未能伴随着政府事项向社会组织的转移而实现同步性减少和压缩，从而导致公共治理所占用和消耗的资源不经济的现象。当前中国强调政府职能的转变，倡导把适合由社会组织提供的公共服务和解决的事项，交由社会组织来承担。但现实中存在的问题是，政府把公共事务让渡或委托给了社会组织，但自身所占用和消耗的资源并没有实现同步性减少和压缩。笔者在调研过程中，某街道办主任说，一些事情本来应当是科室去做的，但是现在科室把这些事情扔给了社会组织，而街道用在各个科室上的经费并没有因此而减少，同时还要拿钱出来养社会组织，事实上相当于街道要支付两部分的钱。以美国作为比较，美国政府在对非营利组织提供资源支持的同时，十分注重降低公共治理所占用和消耗的资源。"联邦政府为合同承包规定了一个成本节约的门槛比率：只有人事方面的预期节约超过10%，有关服务才可以合同外包；同时，若政府机构期望承担由承包商从事的服务，它必须表明自己如何把人事方面的开支降低10%，把设施和设备方面的开支减少25%。"[1] 美国政府将公共雇员的数量变化作为政府购买服务的一项重要考量标准，通常情况下合同外包都会导致公共雇员不同程度的减少。"根据对美国诸多承包服务的数据研究，大多数研究表明大多数公共雇员受到公共服务合同的影响，一部分人去找了与其工作相同的政府机构，显著的部分是好多人去为承包商工作了，也有显著部分的人被解雇了。"[2] 二是政府对社会组织提供资源支持，偏离了实现最大化公共治理效果的价值取

[1] 〔美〕E. S. 萨瓦斯：《民营化与公私部门的伙伴关系》，周志忍等译，中国人民大学出版社，2002，第210页。

[2] 汪晓林：《美国政府购买公共服务标准框架对中国的启示》，新浪博客，http：//blog. sina. com. cn/s/blog_a20595910101ulrv. html，最后访问日期：2017年6月21日。

向。比如，在当前中国，政府对社会组织提供资源支持时，存在选择性支持那些具有官方背景或者具有官方色彩的社会组织的现象。这种现象偏离了公平和竞争的基本原则，不利于政府资源流入真正有利于实现最大化公共治理效果的社会组织之中，同时也不利于社会形态的"公"的生长。

因此，要促进政府资源高效性地注入社会组织，就必须坚持以提升公共治理效益为基本导向。具体而言，需要注重两个方面：一方面，政府对社会组织提供资源支持，需要注重降低公共治理所占用和消耗的资源。政府把适合由社会组织提供的公共服务和解决的事项，交由社会组织来承担，需要注重与此同时优化政府的组织结构、精简政府的工作人员、缩减政府自身的运行经费。另一方面，政府对社会组织提供资源支持，需要依据社会需求，遵循公平和竞争的基本原则，注重信息公开和公民参与，制定科学、合理、规范的标准和程序来遴选社会组织，使政府资源流入真正有利于实现最大化公共治理效果的社会组织之中。在这个方面，需要注重建构政府部门与相关领域的社会组织之间的联系与合作机制，把社会组织参与公共治理的绩效，纳入对相关政府部门的政绩考核之中，促使各政府部门把资源高效性地注入真正富有竞争优势的社会组织之中。

（2）注重注入方式的多样化。促进政府资源高效性地注入社会组织，需要注重注入方式的多样化。如前所述，政府资源本身表现为一种多样化的形态，有组织资源、实物资源、权威资源、关系资源等，因而政府对社会组织提供资源支持的方式也应该是多样化的。首先，中国是一个缺少非宗族基础结社传统的国家，社会成员的自我组织化意识和能力相对比较弱，因而政府需要注重运用自身所掌握的权力为社会组织共同性的生成提供组织资源，帮助社会成员克服"搭便车"和过于利己的倾向，增加合作的程度。[①] 其次，在当前中国的现实环境下，社会组织参与公共治理以及社会组织的形象展示、互动交流、话语表达等，往往都需要政府运用自身所掌握的权力为其提供权威资源和关系资源。最后，也是最为重要的，当前中国

---

① 参见陶传进《控制与支持：国家与社会间的两种独立关系研究——中国农村社会里的情形》，《管理世界》2008 年第 2 期。

社会组织发展还处在"长苗"的初步发展阶段,很多社会组织由于缺少必要的实物资源而面临生存和发展的困境,因而政府需要注重通过购买服务、资助补贴、项目奖励、人才扶持等多种方式向社会组织注入实物资源。其中,购买服务是建构在合同的基础之上的,属于契约性的向社会组织注入实物资源的方式;资助补贴、项目奖励、人才扶持等则主要是非合同的、激励性的向社会组织注入实物资源的方式。就当前中国而言,政府对购买服务、资助补贴、项目奖励、人才扶持等这些物质资源注入的方式都已经给予了关注,并已经有了广泛的实践探索,但从目前来看还存在明显的不足。2013 年美国的公共慈善组织来自政府合同和政府补助的收入达到了总收入的 32.5%。[①] 而在当前中国,即便是在作为先行者的上海,2013 年社会组织来自政府合同和政府补助的收入占总收入的比例也只有 17% 左右[②],且不说相当部分的资金选择性地流入了那些具有官方背景或者具有官方色彩的社会组织之中。

(3) 注重"活私开公"的基本理念。促进政府资源高效性地注入社会组织,必须着眼于社会组织公共性的生长,并在此基础之上实现社会组织公共性与政府公共性的协同共进,唯有如此才能带来最大化的公共治理效果,达成维护和增进公共利益的最优化目的。如前文所述,社会组织公共性生长遵循着"个人→共同性→公共性"的基本逻辑,也就是说如果离开了个人"私"的原点以及由此而衍生出来的"共同性"的自愿性和自主性的特征,社会组织公共性也就失去了持续保持生机和活力的源泉和基础。所以,政府对社会组织提供资源支持,无论是组织资源、权威资源、关系资源还是实物资源的支持,都不能以牺牲个人的动机、利害、兴趣、意图、志向等"私"的方面以及社会组织"共同性"的自愿性和自主性的特征为

---

① 参见 Brice S. McKeever, *The Nonprofit Sector in Brief 2015*: *Public Charities*, *Giving*, *and Volunteering*, Urban Institute, http://www.urban.org/sites/default/files/alfresco/publication-pdfs/2000497-The-Nonprofit-Sector-in-Brief-2015-Public-Charities-Giving-and-Volunteering.pdf, October 2015。

② 17% 的数据是以参检社会组织的总收入来计算的,实际的数据可能还会更小。2013 年上海共有社会组织 11607 家,其中实际参加 2013 年年度检查的社会组织为 9507 家。2013 年,上海市社会组织承接政府购买服务收入和政府补助收入合计约为 53.5 亿元,参检社会组织的总收入约为 314.4 亿元。

代价；相反，需要注重活用个人的"私"，尊重社会组织共同性生成的自愿性，赋予社会组织在项目设计和运行上充分的自主权，才能实现社会组织公共性的良性生长。这样一种理念就是"活私开公"的理念。从当前中国的现实情况来看，一些政府部门已经具有了"活私开公"的理念。比如，前文所述的上海市 J 街道社区"睦邻点"建设的案例就体现出了这样一种理念。但是，有些政府部门对社会组织提供资源支持，依然存在较强的行政化思维，不尊重社会组织中相互联合的个人的"私"以及社会组织共同性生成的自愿性，以行政化的方式随意干预社会组织的自主化、专业化的运作，强化了社会组织对政府的依附，导致了社会组织的外形化，不利于社会组织公共性持续、健康而有活力地生长。因此，"活私开公"应成为政府对社会组织提供资源支持时坚持的基本理念。

（三）促进社会资源直接性地流入社会组织

从"工具性支持"向"主体性支持"转型，除了需要注重促进政府资源高效性地注入社会组织之外，还需要注重通过创造良好的制度环境和社会环境促进社会资源直接性地流入社会组织，以更好地激发社会组织的主体性活力，增强社会组织自我生存和发展的能力。如果社会组织的生存和发展只是单一性地依赖于政府资源的注入，必然会影响到社会组织植根社会的生机和活力，结果可能会产生社会组织对于政府的依附，导致社会组织的外形化，消除社会组织开拓公共性的功能。为此，政府在注重高效性地向社会组织注入资源的同时，还需要在促进社会资源直接流入社会组织方面进一步跟进，以实现社会组织公共性的良性生长。具体而言，促进社会资源直接性地流入社会组织，需要注意两个方面。

（1）注重通过创造良好的制度环境，促进社会资源直接性地流入社会组织。在这个方面，需要特别注重的就是要加大对社会组织税收优惠的力度和广度。相对于通过税收的方式把钱集中到政府手中，然后再通过政府购买服务等方式转移给社会组织而言，通过免税的方式让社会资源直接流入社会组织，以及通过公益性捐赠税前扣除的方式激励社会资源直接流入社会组织，对于激发社会组织的主体性活力、促进社会组织公共性生长更为重要。在美国，政府对非营利组织在税收优惠上的力度和广度都是非常大的。2013 年，在美国国内税务局登记的免税的非营利组织的数量有 141万个，这些非营利组织均可获得在所得税、财产税等方面的免税优惠。在这 141 万个免税的非营利组织中，符合《国内税收法典》501C（3）款的非营利组织〔简称"501C（3）款组织"〕，亦即支持教育、健康、扶贫、宗教、推动科学，促进社会福利及其他为大众谋利益的非营利组织，包括公共慈善组织和私人基金会两种类型。由于其公益性比较强、互益性比较弱，还可以享受到给予捐赠者以税前扣除的税收优惠政策，而仅公共慈善组织的数量 2013 年就超过了 95 万家，占到了所有免税的非营利组织数量的 2/3以上。① 笔者 2013 年 10 月在对"特殊人群"② 的实地调研中，问及"特殊人群"的税收优惠问题，"特殊人群"的执行主任说，"特殊人群"唯一需要支付的税收就是与劳动雇佣相关的税收，其他都是免税的。显然，与美国相比较，当前中国政府对社会组织的税收优惠无论是在力度上还是在广度上都还是明显不够的。笔者认为，可以借鉴美国的经验，依据公益性和互益性的基本分类标准建构社会组织的税收优惠政策体系。对于符合规范的公益性社会组织，不仅应让其享受到所得税、营业税等各种免税的优惠，而且应当赋予其公益性捐赠税前扣除的资格；对于符合规范的互益性社会组织，也应当让其享受到免税的优惠。但是为了激励公益性社会组织的发展，互益性社会组织所享受的税收优惠与公益性社会组织所享受的税收优惠应当有差距，比如互益性社会组织不能享受公益性捐赠税前扣除的优惠。

此外，还需要注重放开社会组织的社会募捐资格。开展社会募捐是社会组织直接获取社会资源的一条重要的渠道。但是，长期以来，中国绝大部分社会组织承受着无"公募权"之苦，公募权在一定程度上成为公益慈善界的"特权"。当然，《中华人民共和国慈善法》已经发布并实施，这种

---

① 资料来源：Brice S. McKeever, *The Nonprofit Sector in Brief 2015*: *Public Charities*, *Giving*, *and Volunteering*, Urban Institute, http：//www. urban. org/sites/default/files/alfresco/publication-pdfs/2000497-The-Nonprofit-Sector-in-Brief-2015-Public-Charities-Giving-and-Volunteering. pdf, October 2015。

② "特殊人群"属于符合美国《国内税收法典》501C（3）款的非营利组织。

现象将会逐步得到改变。在这个方面，笔者认为，美国的经验和做法同样值得学习和借鉴。美国所有的公共慈善组织都具有平等的开展社会募捐的权利，公募权并不会偏向于某些公共慈善组织。但是，美国对公共慈善组织的社会募捐行为的监管是非常严的。公共慈善组织在州注册登记为法人，并在国内税务局获得免税资格之后，并没有自动获得社会募捐的资格，还必须在需要开展募捐活动的州申请取得社会募捐资格之后，才能在下一年度在该州开展社会募捐活动，并且这一资格的有效期仅为一年，即下一年度必须重新申请该资格，而每次申请社会募捐资格都必须汇报前期工作的情况。① 当前中国可以借鉴美国的这样一种基本理念，来逐步放开社会组织的社会募捐资格。一方面，需要把公募权平等地向从事公益活动的社会组织开放，使之成为从事公益活动的社会组织直接获取社会资源的重要渠道；另一方面需要加强对社会组织开展社会募捐活动的监管，打破社会募捐资格"一次申请、永久有效"的模式，以防止出现挪用善款、侵吞善款、公益腐败的不良现象。

（2）注重通过营造良好的社会环境，促进社会资源直接性地流入社会组织。在这个方面，要注重培育和发展支持型社会组织，促进社会资源对社会组织的支持。社会组织可以划分为操作型社会组织和支持型社会组织两种基本类型：操作型社会组织的主要活动是直接面向民众进行公共服务的提供或者公共言论的生产；而支持型社会组织的主要活动是面向其他的社会组织，为其他社会组织的生存和发展提供支持和帮助。支持型社会组织有助于促进社会资源直接性地流入社会组织，增强社会组织相对于政府而言的主体性活力，从而有利于促进社会组织公共性的生长。在西方发达国家，除了拥有数量众多的操作型非营利组织之外，还存在很多的支持型非营利组织。这些支持型非营利组织在物质资源、领导力培训、公共信息、技术援助、研究资源等各个方面对其他的非营利组织提供有力的支持，形成了一种比较完善的非营利组织对非营利组织的支持链条。从当前中国的

---

① 参见民政部赴美国代表团《美国非营利组织运作和管理的启示与思考——民政部赴美国代表团学习考察报告》，《社团管理研究》2011 年第 3 期。

现实情况来看，亦有很多社会组织把自身定位为支持型社会组织，并且有些支持型社会组织已经产生了比较大的社会影响，如上海映绿公益事业发展中心、上海浦东非营利组织发展中心、上海公益事业发展基金会等。但是，从整体上而言，目前中国的支持型社会组织在数量上还不足，在类型还不丰富，在实力上还不强大，甚至很多支持型社会组织自身还处在需要被支持和帮助的初创期，因而所产生的对其他社会组织的支持力量还比较羸弱。因此，当前中国要促进社会资源直接性地流入社会组织，需要注重大力培育和发展支持型社会组织，促进社会组织的自我繁殖和发展。当前中国很多地方正在进行枢纽型社会组织建设的实践探索。笔者认为，枢纽型社会组织在功能定位上应当成为一种综合性的社会组织，除了需要注重把枢纽型社会组织打造成为区域性或领域性的行业自律组织之外，还需要注重把枢纽型社会组织打造成为区域性或领域性的支持型社会组织。

另外，营造良好的社会环境，促进社会资源直接性地流入社会组织，还需要注重积极发展社会捐赠和志愿参与的力量。近些年来，中国政府在发展社会捐赠和志愿参与力量方面进行了积极的实践探索，取得了明显的进步，但如果进行国际上的横向比较还是会发现明显的差距。依据英国慈善援助基金（CAF）2013 年发布的《全球捐助指数报告（2013）》，在全球被调查的 160 个国家和地区的总排名中，中国慈善捐助总体比例为 16%，排全球第 133 位（倒数第 3 位）。其中，志愿者捐赠时间比例是 4%，与波西尼亚、希腊、突尼斯、也门等国并列倒数第一。[①] 再以 2014 年中美两国的慈善捐赠来进行比较，2014 年中国慈善捐赠总额为 1042.26 亿元人民币，其中企业捐赠占总额的近七成，个人捐赠所占比例约为 11.1%[②]；而 2014 年美国的慈善捐赠总额达到 3583.8 亿美元，其中个人捐赠约占 72%，遗赠约占 8%，企业捐赠约占 5%，基金会捐赠约占 15%。[③] 可以看出，中美两国不仅在慈善捐赠总额上存在很大差距，在慈善捐赠文化上也存在明显的

①《官办慈善组织公众信任度低　不少官办组织拒绝改革》，2014 年 5 月 19 日《京华时报》。
②《官办慈善组织公众信任度低　不少官办组织拒绝改革》，2014 年 5 月 19 日《京华时报》。
③ 陶冶、陈斌：《美国慈善事业发展的历史、原因及启示》，《中国劳动关系学院学报》2016年第 4 期。

强弱之分，因为个人捐赠相对于企业捐赠而言更能体现一个国家或地区的慈善捐赠文化。所以，当前中国在发展社会捐赠和志愿参与力量方面还有很大的空间。

要推动社会捐赠和志愿参与力量的发展，政府至少可以做以下三件事：一是注重加强公民教育，提升民众的公共精神以及对社会组织公共属性的认知和了解。只有民众的公共精神得到普遍的提升，且社会组织不同于市场组织或者说营利组织的公共属性被广大民众所普遍认知和了解，广泛的社会捐赠和志愿力量的参与才有了坚实的基础。二是注重完善社会组织的信息披露制度和环境。只有充分保障民众的知情权，促进社会组织的透明化运作，民众才可能会积极地向社会组织进行捐赠以及贡献志愿参与的力量。三是注重通过搭建平台或载体以及开展活动的方式，来培育社会的慈善捐赠文化，激发民众的志愿参与精神。比如，2013 年 10 月，美国佐治亚州雅典市市长发起了一个叫做"市长对服务的召唤"（The Mayor's Call to Service）的活动，这个活动的主要目的就是为志愿者和非营利组织牵线搭桥。雅典市市长利用自身在民众中的威望，发起了这样一个活动，通过网络和媒体的宣传，号召志愿者和非营利组织参与此次活动，为志愿者和非营利组织之间进行面对面的沟通和交流搭建了一个平台和载体。这个活动的具体承办者是当地的一家支持型社会组织，叫做"社区连接"（Communication Connection of Northeast Georgia）。此外，"社区连接"还开发了一个叫做"雅典时间银行"（Athens Time Bank）的项目。"雅典时间银行"是一种不使用现金的服务交换方式，每个人运用自己的技能花费一个小时去帮助他人，就可以获得一个小时的"时间美元"（Time Dollar），然后可以使用所拥有的"时间美元"来交换其他人对自己同等时间的帮助。这样的活动和项目都值得学习和借鉴。

（四）促进社会组织公共性"协调性生长"

从"工具性支持"向"主体性支持"转型，需要注重激发社会组织的主体性活力，改变社会组织充当政府公共服务提供的工具性组织的角色和地位，赋予或认可社会组织进行公共言论生产的权利、机会和载体，促进社会组织公共服务提供功能和公共言论生产功能的"协调性生长",进而在自由而平等的基础之上发展政府与社会组织在公共服务提供和公共政策制定上的全面性合作关系。

如前所述,社会组织公共性包括实践系谱的公共性和言论系谱的公共性两种基本形态,具体体现为社会组织的公共服务提供功能和公共言论生产功能。这两个方面的功能发展都是社会组织公共性生长不可或缺的方面,其对于促进政府公共性的增长、提升公共治理的水平,都具有非常重要的价值,因而需要注重这两个方面的协调性生长。但是,长期以来,在"工具性支持"的理念和模式下,由于支配、服从和秩序具有相对于自由、同意和参与的价值优先性,这种价值优先性与社会组织的公共言论生产功能存在张力,于是政府的基础权力对社会组织公共性生长的支持,就偏向于支持社会组织的公共服务提供功能,而轻视、忽视甚至限制社会组织公共言论生产功能的发展,从而导致了社会组织公共性的"偏向性生长"。社会组织公共性的"偏向性生长"不利于有序发挥社会组织在连接政府与民众之间的中介和桥梁的作用,不利于构建健康有序的"双轨政治"格局,甚至还会使得部分具有公共言论生产需求而又缺少制度化地进行公共言论生产的权利、机会和载体的社会组织,采用非制度化的方式进行公共言论的生产,从而影响到公共秩序的良性建构,甚至会走向政府的对立面。同时,社会组织公共性的"偏向性生长",也不利于政府渗透社会的基础权力的增长,不利于政府合法性的持续获取,不利于政府朝着公共性增长的方向发展。

具体而言,要促进社会组织公共性的"协调性生长",需要注意两个方面。

(1) 促进社会组织公共服务提供功能的发展,并在此基础之上发展政府与社会组织在公共服务提供上的合作伙伴关系。社会组织的公共服务提供功能,对于弥补政府在公共服务提供上的缺陷和不足,满足民众对于公共服务的多样化、异质性的需求,从而建构良性的社会秩序,具有非常重要的价值。因此,促进社会组织公共服务提供功能的发展,发展政府与社会组织在公共服务提供上的合作伙伴关系,已经成为世界各国政府的一种广泛共识性的行为取向。即便是在西方发达国家，社会形态的公共性尽管相对而言带有更多的言论系谱的公共性意涵，但事实上实践系谱的公共性更是政府倡导和民众需求的类型。以美国为例，当前美国在国内税务局登记的免税组织中，符合美国《国内税收法典》501C（3）款的非营利组织，亦即公共慈善组织和私人基金会，占到了总数的 2/3 以上，而这些非营利组织的主要活动就是从事教育、健康、扶贫、宗教，推动科学，促进社会福利及其他为大众谋利益方面的公共服务提供，而在参与政治活动方面是受到严格限制的，它们不能参与政治竞选活动，亦不能把其主要活动致力于游说活动或影响立法活动。美国政府为了鼓励501C（3）款组织的发展，对501C（3）款组织给予特别的税收优惠。501C（3）款组织除了可以享受到其他免税组织在所得税、财产税等方面的免税优惠之外，还可以享受到给予捐赠者以税前扣除的税收优惠政策，同时政府、基金会、企业、个人也更愿意资助501C（3）款组织。所以，对于当前中国而言，促进社会组织公共性的"协调性生长"，无疑需要注重社会组织公共服务提供功能的发展，政府要通过积极倡导、资源支持以及创造良好的制度环境和社会环境来促进社会组织公共服务提供功能的发展，并在此基础之上发展政府与社会组织在公共服务提供上的自由而平等的合作伙伴关系。

（2）注重促进社会组织公共言论生产功能的发展，并在此基础之上发展政府与社会组织在公共政策制定上的合作伙伴关系。社会组织公共言论生产功能的发展是社会组织公共性生长不可忽视的重要方面，其对于政府权力的运作具有完善和矫正的功能，有利于使政府朝着公共性增长的方向发展，有利于提升民众对政府的认同度和支持度，有利于政治秩序和社会秩序的良性建构。同时，社会组织公共言论生产功能的发展，意味着社会组织相对于政府而言的主体性地位的提升，有利于社会组织与政府在自由而平等的沟通交流、对话协商的基础之上达成良性的合作治理格局，从而更好地维护和增进公共利益。在西方发达国家，尽管以提供公共服务为主要活动的非营利组织的发展得到了政府积极的倡导和政策激励，但是非营利组织的公共言论生产功能从来都是社会形态的"公共性"的重要体现。西欧国家奉行法团主义，而法团主义的实质就是一种"利益代表系统"，是建构在非营利组织公共言论生产功能的基础之上的。"在这样一种利益代表系统中，成员单位被整合进一个数量有限、单一化、义务的、非竞争性、具有等级秩序和功能分化的组织序列，这些组织获得国家承认或许可（如果不是由国家创立的话），并被授予其本领域内协商性的代表垄断地位；作为交换，它们在领袖选择、需求表达和组织支持方面受到国家一定的控制。"① 美国崇尚自由多元主义，非营利组织的公共言论生产功能更是非常强大，全国上下活跃着众多的以进行公共言论生产为主要活动的非营利组织。同时，即便是501C（3）款组织，也只是限制其参与政治竞选活动以及通过游说的方式影响立法活动，而非立法层面的公共政策参与活动是不受限制的，并且很多民生方面的公共政策是政府和501C（3）款组织通过合作的方式共同制定和实施的。为此，对于当前中国而言，要促进社会组织公共性的"协调性生长"，政府除了需要注重发展社会组织的公共服务提供功能之外，也需要重视社会组织公共言论生产功能的发展。在这个方面，需要逐步放宽对那些具有较强公共言论生产功能的社会组织的制度约束，比如放宽对民间性社会团体的制度约束，赋予其更好的生存环境和制度空间。与此同时，需要注重建构和完善政府与社会组织之间沟通交流、对话协商的制度化和常规化的平台，发展与社会组织在公共政策制定上的制度化的合作关系，把社会组织的公共言论生产功能纳入制度化和有序化的轨道，实现社会既充满活力又和谐有序。

三　本章小结

当前中国面对社会组织公共性生长，政府权力需要针对社会组织共同性的生成和质量以及社会组织公共性的直接展现，进行进一步的指向性调适。这种指向性调适，需要从两个维度来展开：一是要推进政府对社会组织的管理从"控制型管理"向"发展型管理"转型。"发展型管理"强调

---

① P. C. Schmitter, "Still the Century of Corporatism?" in F. B. Pike and T. Stritch, eds., *The New Corporatism: Social-Political Structures in the Iberian World*, University of Notre Dame Press, 1974, pp. 93 – 94.

政府的强制权力从一种偏向于对社会组织公共性生长的消极控制力量转变为一种积极规制的力量，其优先性的价值取向在于钳制社会组织公共性的流失和防范社会组织公共性的偏离，进而从管理的维度促进社会组织公共性的良性生长。从"控制型管理"向"发展型管理"转型，需要注重对社会组织的"法治化管理""宽松化准入""立体化管理"。二是要推进政府对社会组织的支持从"工具性支持"向"主体性支持"转型。"主体性支持"强调政府支持社会组织的目的，不在于强化政府与社会组织之间的"权威—依附"关系，而在于培育和发展社会组织的主体性，激发社会组织的自主性活力，发展与社会组织之间基于自由和平等身份的在公共服务提供和公共政策制定上的全面性合作关系。从"工具性支持"向"主体性支持"转型，需要注重促进政府资源高效性地注入社会组织，注重促进社会资源直接性地流入社会组织以及注重促进社会组织公共性的"协调性生长"。

结论与讨论

　　本书以"国家与社会"为基本分析框架，综合运用政治学、社会学、公共管理学等多学科的知识，通过深入的理论分析、纵向的历史追溯、实证的调查研究和横向的国际比较，在阐述当代中国社会组织公共性生长的基本背景、时代价值、理论内涵和生长逻辑的基础之上，系统、深入、具体地探讨了政府权力对社会组织公共性生长的影响以及社会组织公共性生长中政府权力进一步调适的基本方向和路径选择。概括而言，能体现本书研究价值的基本观点主要如下。

　　1. 中国公共性结构的形态演变，把现代性的社会组织推上了历史舞台，使之日益扮演了公共性建构的重要角色

　　中国公共性结构形态经历了从权威主义公共性到国家主义公共性，再从国家主义公共性向多元主义公共性转型的历史演变过程。权威主义公共性、国家主义公共性和多元主义公共性在建构主体、建构方向和公私关系上存在明显的分别，多元主义公共性是对国家主义公共性的否定，而这种否定又超越了传统的权威主义公共性，因而是一种"新公共性"。国家主义公共性向多元主义公共性转型，是国家权力调适的结果。这样一种调适，释放出了多元的"公"的建构主体，同时又认可了"私"的存在和价值，尤其是确立了非宗族基础的、基于社会横向联系生成的现代性社会组织对于建构"公"的重要时代价值，由此解构了以往的人为规划的"机械团结"，并为社会"有机团结"的生成创造了条件。同时，社会形态的组织化

主体在公共性建构中的重要角色的日益凸显事实上是中西公共性结构形态演变的共同方向，从而确立了当代中国社会组织公共性生长在全球趋势下的重要时代价值。

2. 社会组织公共性是一种组织形态的、常态化的、非权力性基础的公共性，具体表现为社会组织的公共言论生产功能和公共服务提供功能

社会组织公共性，关注的是社会组织作为主体而建构公共性的功能问题，可以通俗而简单地界定为社会组织成员通过组织化的行动所体现出来的"为大家好"的性质。在此所述的"大家"是一个超家庭的具有伸缩性的群体概念，可以小到互益性的小规模团体，也可以扩展到社区、城市、国家乃至整个人类社会。社会组织公共性不同于个人公共性、市场组织公共性和政府组织公共性，具有自身特殊的属性。社会组织公共性相对于个人公共性而言，是一种组织形态的公共性；社会组织公共性相对于市场组织公共性而言，是一种常态化的公共性；社会组织公共性相对于政府组织公共性而言，是一种非权力性基础的公共性。因此，社会组织公共性可以描述为一种组织形态的、常态化的、非权力性基础的公共性。社会组织公共性包括实践系谱的公共性和言论系谱的公共性两种基本形态。从实践系谱的公共性来看，社会组织公共性体现为社会组织的公共服务提供功能；从言论系谱的公共性来看，社会组织公共性体现为社会组织的公共言论生产功能。

3. 社会组织公共性生长遵循着"个人→共同性→公共性"的基本逻辑，亦即"个人"创造"共同性"，基于"共同性"而开拓"公共性"

"共同性"与"公共性"是两个既密切关联又有区别的概念。"共同性"关注的是社会组织的结构问题，或者说社会组织共同体的形成和运转层面的问题；而"公共性"关注的是社会组织的功能问题，或者说社会组织的行动与"大家"之间关系层面的问题。这就是说，"共同性"与"公共性"之间事实上是一种结构与功能之间的关系，"公共性"离不开"共同性"，"公共性"需要以"共同性"为基础。"共同性"是直接通往"公共性"的前一个阶段，而"共同性"的创造者是"个人"。社会组织公共性的生长原点是"个人"、生长基轴是"共同性"，具体体现为社会组织的公共

服务提供功能和公共言论生产功能。社会组织公共性的健康、持续而有活力的生长，需要注重激发作为原点的"个人"的动力，同时需要注重为具有自愿性、自主性和非营利性特征的社会组织共同体的生成和运作以及社会组织公共服务提供功能和公共言论生产功能的直接展现创造良好的条件和环境。

4. 在改革开放以来的中国，社会组织公共性呈现出迅速生长的现象，但依然存在"组织外形化""弱正外部性""偏向性生长"三个方面的明显不足

改革开放以来，伴随着从国家主义公共性向多元主义公共性的转型，中国各种类型的社会组织大量涌现，并日益扮演了建构公共性的重要角色。但从整体上而言，当前中国社会组织公共性依然存在三个方面的明显不足：一是"组织外形化"的不足，亦即社会组织的组织形式与实际运作方式存在明显不一致的现象，这种现象使得名义上以社会组织作为主体而建构的公共性事实上迷失在了其他主体建构的公共性之中，失去了主体性上的实质意义。二是"弱正外部性"的不足，亦即社会组织的行为对于增进社会福利的正外部性生产功能还比较羸弱，主要表现为当前中国很多社会组织还存在比较明显的"业余主义"现象以及闭塞和自我满足的特征。三是"偏向性生长"的不足，亦即社会组织的公共服务提供功能相对而言得到了比较好的发展，而社会组织的公共言论生产功能发展明显滞后，这意味着社会组织公共性生长出现了失调的现象。

5. 当代中国政府与社会组织之间的关系，涉及政府对社会组织的权力控制和权力支持两个基本方面以及与之相伴随的社会组织的行为模式或生存和发展的策略，这两个方面构成了对当代中国政府与社会组织关系进行整体性理解的两个基本维度

由于中国独特的历史背景和政治环境，海内外众多学者对改革开放以来中国社会组织的兴起及其与政府之间的关系产生了浓厚的研究兴趣，形成了六种具有影响力的解释模式：倾向于"你进我退"的市民社会与民营模式；倾向于"协同共进"的法团主义与组织模式；以及倾向于整体性描述的多元模式与分类控制。这些解释模式尽管相互之间存在明显的差异，

同时也都存在明显的局限性，但共同蕴涵了政府对社会组织的权力控制和权力支持两个基本方面以及与之相伴随的社会组织的行为模式或生存和发展的策略，对于本书分析政府权力对社会组织公共性生长的影响以及探讨社会组织公共性生长中政府权力进一步调适的基本方向和路径选择提供了理论基础和分析框架。

6. 改革开放以来，中国社会组织之所以会出现数量上的迅速增长并日益展现出其建构公共性的力量，其中关键性的推动因素就是政府权力的调适在控制和支持两个维度对社会组织公共性生长所产生的积极作用

这种积极作用主要表现在三个方面：首先，改革开放以来，政府权力控制范围缩小、控制力度减弱、控制手段规范化加强，推动了中国公共性结构形态从国家主义公共性向多元主义公共性的历史转型，不断确立了"私"的存在和价值的正当性，日益释放了社会形态的"公"的空间，从而为社会组织公共性生长创造了最为基础性的前提和条件。其次，改革开放以来，政府权力的调适展现出了对社会组织共同性生成和发展的积极支持和规制的功能，从而为社会组织公共性生长构筑了良好的基轴。最后，改革开放以来，政府针对作为社会组织公共性具体表现的社会组织的公共服务提供功能和公共言论生产功能，通过运用其所掌握的能够作为资源的权力，积极支持社会组织的公共服务提供功能和公共言论生产功能的发展。

7. 当前中国社会组织公共性不足的背后存在政府权力在控制和支持两个维度上的调适不足对社会组织公共性生长所产生的消极影响

这种消极影响主要表现在三个方面：首先，当前中国从国家主义公共性向多元主义公共性的转型尚处在初步阶段，多元主义公共性还只是初具雏形，政府在理念和行为上存在对以往"全能型政府"的路径依赖，这样一种路径依赖制约了社会组织公共性的生长。其次，改革开放以来政府对社会组织的管理形成了一种"控制型管理"的模式，这种"控制型管理"模式是政府强制权力运作偏向于对社会组织公共性生长的消极控制的产物，不利于社会组织公共性的良性生长。最后，改革开放以来政府对社会组织的支持形成了一种"工具性支持"的模式，这种"工具性支持"模式的工具主义的理念对于社会组织的主体性生产和公共性生长存在支持的局限，

阻滞了多元主义公共性的形成和发展。

8. 当前中国面对社会组织公共性生长，政府权力进一步调适的基本价值取向，在于摆脱以往国家主义公共性的路径依赖，促进社会组织公共性的良性生长，同时实现社会组织公共性与政府公共性的协同共进

政府不是万能的，政府存在自身难以避免的局限性，这种局限性表现在政府的能力有限和政府的自利行为上，政府自身的局限性意味着依靠政府单一主体的力量来建构公共性存在必然的限度。而社会组织公共性生长可以弥补和克服政府的局限性，进而可以促进政府公共性的增长，最终达到维护和增进公共利益的目的。因此，当前中国面对社会组织公共性生长，政府权力进一步调适的基本价值取向，就是要进一步发挥自身的积极作用，同时规避自身的消极影响，促进社会组织公共性的良性生长，亦即促进社会组织公共服务提供功能和公共言论生产功能的良性发展，并使之转化成为政府渗透社会的基础设施，实现社会组织公共性与政府公共性的协同共进，打造政府与社会组织之间"合作治理"的格局。

9. 当前中国面对社会组织公共性生长，政府权力的进一步调适，需要注重推进从"全能型政府"向"有限型政府"转型，以便为社会组织公共性生长创造基础性的制度条件

在改革开放以来的中国，政府权力的调适已经发生了从"全能型政府"向"有限型政府"的转型。但是，由于当前中国从国家主义公共性向多元主义公共性的转型还处在初步的过程中，依然存在对以往国家主义公共性的显性路径依赖，从"全能型政府"向"有限型政府"的转型还远未完成。要进一步调适政府权力，推进从"全能型政府"向"有限型政府"转型，以便为社会组织公共性生长创造基础性的制度条件，需要注重两个方面：一方面，要注重"分权"的改革路径，构建一种更为分权的治理体制，从理念和体制的层面摆脱以往高度行政集权的桎梏，这是基于"有限型政府"与"分权"之间的密切逻辑关联；另一方面，要注重"法治"的建设途径，使政府权力受制于法治，以法律来规范和限制政府权力，这是基于"有限型政府"与"法治"之间的密切逻辑关联。

10. 当前中国面对社会组织公共性生长，政府权力的进一步调适，需要注重推进政府对社会组织的管理从"控制型管理"向"发展型管理"转型

"发展型管理"不同于"控制型管理"，其强调政府强制权力的收缩，使政府强制权力限定在适当的范围之内，并使政府强制权力从一种偏向于对社会组织公共性生长的消极控制力量转变为一种积极规制的力量，其优先性的价值取向在于钳制社会组织公共性的流失和防范社会组织公共性的偏离，进而从管理的维度促进社会组织公共性的良性生长。"发展型管理"并不否定政府对社会组织的控制，而只是强调要把优先性价值取向聚焦在"发展"上。在"发展型管理"模式下，"控制"是服务于"发展"的，是为了"发展"而进行"控制"。具体而言，推进从"控制型管理"向"发展型管理"转型，一要注重对社会组织的"法治化管理"，使政府对社会组织的管理运行在法治的轨道上；二要注重对社会组织的"宽松化准入"，为社会组织获取合法身份创造良好的制度环境；三要注重对社会组织的"立体化管理"，发展多元化的主体从多个维度对社会组织的共同管理。

11. 当前中国面对社会组织公共性生长，政府权力的进一步调适，需要注重推进政府对社会组织的支持从"工具性支持"向"主体性支持"转型

"主体性支持"不同于"工具性支持"，其强调政府强制权力的收缩和调适以及政府基础权力的渗透和增强，注重发展与社会组织之间基于自由和平等身份的在公共服务提供和公共政策制定上的全面性合作关系，提升社会组织相对于政府而言的主体性地位，从支持的维度促进社会组织公共性的良性生长。具体而言，推进从"工具性支持"向"主体性支持"转型，一要注重以政府资源的合理化使用和带来最好的公共治理效果为评价标准促进政府资源高效性地注入社会组织；二要注重通过创造良好的制度环境和社会环境促进社会资源直接性地流入社会组织，增强社会组织的自我生存和发展的能力；三要注重促进社会组织公共服务提供功能和公共言论生产功能的协调性生长。

总之，本书提炼出了诸多具有创新性、开拓性的观点，为社会组织公共性研究尝试性地建构了基础性的理论架构，并以此为基础，系统、深入、具体地探讨了政府权力对社会组织公共性生长的影响，以及社会组织公共

性生长中政府权力进一步调适的基本方向和路径选择，深刻回应了学术界存在的"政府退出论"和"政府介入论"的简单化、单轴观的论调，认为对于当代中国社会组织公共性生长而言，政府退出和政府介入事实上都是必要的，政府权力进一步调适的关键是要基于控制和支持两个基本维度进行更为系统化和具体化的研究。本书一方面在中国公共性结构形态演变、社会组织公共性理论内涵和生长逻辑、政府权力与社会组织公共性生长之间关系等叙述方面，具有理论开拓的取向和价值；另一方面具有服务实践的取向，提出的当代中国社会组织公共性生长中政府权力进一步调适的基本方向和对策建议，具有针对性和前瞻性，对于当代中国社会组织公共性生长、政府与社会组织之间关系的良性建构、国家治理体系和治理能力现代化的推进，具有实践应用的价值。诚然，本书还只是从"国家与社会"的关系视角，对当代中国社会组织公共性生长进行了一个比较初步性的探讨，还存在诸多有待于进一步讨论、挖掘、深化和细化的问题，如中西不同文化传统下公共性尤其是社会形态的公共性的系统梳理和深度比较问题，全球非营利组织公共性生长的基本路径和外在表现的系统而深度的比较研究问题，社会组织"共同性"和"公共性"两者之间关系的更为深层次和具体化的研究问题，社会组织公共性生长中政府角色定位和权力运作的更为细致化研究问题，等等。这些问题有待笔者本人和学术界在今后的研究中予以完善、拓展和深化。

参考文献

一 中文类

1. 〔德〕哈贝马斯:《公共领域的结构转型》,曹卫东等译,学林出版社,1999。

2. 〔德〕马克斯·韦伯:《经济与社会》第 1 卷,阎克文译,上海人民出版社,2010。

3. 〔法〕涂尔干:《社会分工论》,渠东译,三联书店,2000。

4. 〔法〕托克维尔:《论美国的民主》上卷,董果良译,商务印书馆,1995。

5. 〔美〕艾伦·沃尔夫:《合法性的限度》,沈汉等译,商务印书馆,2005。

6. 〔美〕E. S. 萨瓦斯:《民营化与公私部门的伙伴关系》,周志忍等译,中国人民大学出版社,2002。

7. 〔美〕汉娜·阿伦特:《人的条件》,竺乾威等译,上海人民出版社,1999。

8. 〔美〕黄宗智:《中国的"公共领域"与"市民社会"?——国家与社会间的第三领域》,程农译,载邓正来、J. C. 亚历山大主编《国家与市民社会——一种社会理论的研究路径》,中央编译出版社,2005。

9. 〔美〕加布里埃尔· A. 阿尔蒙德、〔美〕西德尼·维巴:《公民文化——五个国家的政治态度和民主制》,徐湘林等译,东方出版社,2008。

10. 〔美〕杰克·普拉诺等:《政治学分析辞典》,胡杰译,中国社会科学出版社,1986。

11. 〔美〕罗伯特· B. 丹哈特、〔美〕珍妮特· V. 丹哈特:《新公共服务:

服务而非掌舵》，刘俊生译，《中国行政管理》2002 年第 10 期。

12. 〔美〕罗威廉：《晚清帝国的"市民社会"问题》，邓正来、杨念群译，载黄宗智主编《中国研究的范式问题讨论》，社会科学文献出版社，2003。

13. 〔美〕米格代尔：《强社会与弱国家——第三世界的国家社会关系及国家能力》，张长东等译，江苏人民出版社，2009。

14. 〔美〕米格代尔：《社会中的国家——国家与社会如何相互改变与相互构成》，李杨、郭一聪译，江苏人民出版社，2013。

15. 〔美〕乔治·弗雷德里克森：《公共行政精神》，张成福等译，中国人民大学出版社，2003。

16. 〔美〕萨拉蒙等：《全球公民社会——非营利部门国际指数》，陈一梅等译，北京大学出版社，2007。

17. 〔美〕斯蒂芬·戈德史密斯、〔美〕威廉·D.埃斯特：《网络化治理：公共部门的新形态》，孙迎春译，北京大学出版社，2008。

18. 〔美〕詹姆斯·M.布坎南、〔美〕罗杰·D.康格尔顿：《原则政治，而非利益政治：通向非歧视性民主》，张定淮、何志平译，社会科学文献出版社，2004。

19. 〔美〕珍妮特·V.登哈特、〔美〕罗伯特·B.登哈特：《新公共服务：服务而不是掌舵》，丁煌译，中国人民大学出版社，2004。

20. 〔日〕今田高俊：《从社会学观点看公私问题——支援与公共性》，刘荣、钱昕怡译，载〔日〕佐佐木毅、〔韩〕金泰昌主编《社会科学中的公私问题》，人民出版社，2009。

21. 〔日〕辻中丰：《比较视野中的中国社会团体与地方治理》，黄媚译，社会科学文献出版社，2016。

22. 〔日〕佐佐木毅、〔韩〕金泰昌：《社会科学中的公私问题》，刘荣、钱昕怡译，人民出版社，2009。

23. 〔日〕佐佐木毅、〔韩〕金泰昌：《中间团体开创的公共性》，王伟译，人民出版社，2009。

24. 〔英〕洛克：《政府论（下篇）——论政府的真正起源、范围和目的》，叶启芳、瞿菊农译，商务印书馆，1996。

25. 〔英〕迈克尔·曼：《社会权力的来源》第 1 卷，刘北成、李少军译，上海世纪出版集团、上海人民出版社，2007。

26. 〔英〕迈克尔·曼：《社会权力的来源》第 2 卷上册，陈海宏等译，上海世纪出版集团、上海人民出版社，2007。

27. 〔英〕王斯福：《社会自我主义与个体主义——一位西方的汉学人类学家阅读费孝通"中西对立"观念的惊讶与问题》，龚浩群、杨青青译，《开放时代》2009 年第 3 期。

28. 邓正来：《国家与社会——中国市民社会研究的研究》，北京大学出版社，2008。

29. 邓正来：《"生存性智慧模式"——对中国市民社会研究既有理论模式的检视》，《吉林大学社会科学学报》2011 年第 2 期。

30. 丁立：《促进社会组织发展的税收政策》，《税务研究》2015 年第 11 期。

31. 范明林：《非政府组织与政府的互动关系——基于法团主义和市民社会视角的比较个案研究》，《社会学研究》2010 年第 3 期。

32. 费孝通：《乡土中国 生育制度》，北京大学出版社，1998。

33. 费孝通：《中国绅士》，中国社会科学出版社，2006。

34. 冯利、章一琪：《公益领域："行政化"与"去行政化"的双重变奏》，载康晓光、冯利主编《中国第三部门观察报告（2014）》，社会科学文献出版社，2014。

35. 高丙中：《社会团体的合法性问题》，《中国社会科学》2000 年第 2 期。

36. 高丙中：《社团合作与中国公民社会的有机团结》，《中国社会科学》2006 年第 3 期。

37. 顾昕：《公民社会发展的法团主义之道——能促型国家与国家和社会的相互增权》，《浙江学刊》2004 年第 6 期。

38. 顾昕等：《公民社会与国家的协同发展——民间组织的自主性、民主性和代表性对其公共服务效能的影响》，《开放时代》2006 年第 5 期。

39. 顾朝曦：《充分发挥社会组织在城市治理中的积极作用》，《中国社会组织》2014 年第 11 期。

40. 管兵：《竞争性与反向嵌入性：政府购买服务与社会组织发展》，《公共管理学报》2015 年第 3 期。

41. 关信平：《当前我国增强社会组织活力的制度建构与社会政策分析》，《江苏社会科学》2014 年第 3 期。

42. 郭坚刚、席晓勤：《全能主义政治在中国的兴起、高潮及其未来》，《浙江学刊》2003 年第 5 期。

43. 国务院发展研究中心社会发展研究部课题组：《社会组织建设：现实、挑战与前景》，中国发展出版社，2011。

44. 国务院法制办政法司、民政部民间组织管理局：《〈社会团体登记管理条例〉〈民办非企业单位登记管理暂行条例〉释义》，中国社会出版社，1999。

45. 和经纬、黄培茹、黄慧：《在资源与制度之间：农民工草根 NGO 的生存策略——以珠三角农民工维权 NGO 为例》，《社会》2009 年第 6 期。

46. 何艳玲、周晓峰、张鹏举：《边缘草根组织的行动策略及其解释》，《公共管理学报》2009 年第 1 期。

47. 贾西津：《民间组织与政府的关系》，载王名主编《中国民间组织 30 年》，社会科学文献出版社，2008。

48. 靳东升等：《支持社会组织发展的税收政策研究》，《财政研究》2014 年第 3 期。

49. 康晓光：《依附式发展的第三部门——第三部门的环境分析》，载康晓光、冯利主编《中国第三部门观察报告（2011）》，社会科学文献出版社，2011。

50. 康晓光等：《改革时代的国家与社会关系——行政吸纳社会》，载王名主编《中国民间组织 30 年——走向公民社会》，中国社会科学出版社，2008。

51. 康晓光、韩恒：《分类控制：当前中国大陆国家与社会关系研究》，《社会学研究》2005 年第 6 期。

52. 李明伍：《公共性的一般类型及其若干传统模型》，《社会学研究》1997 年第 4 期。

53. 李强：《社会建设，公共性是个大问题》，2011 年 2 月 21 日《北京日报》。

54. 李友梅等：《当代中国社会建设的公共性困境及其超越》，《中国社会科学》2012 年第 4 期。

55. 梁启超：《新民说》，辽宁人民出版社，1994。

56. 梁漱溟：《中国文化要义》，上海世纪出版集团、上海人民出版社，2011。

57. 梁治平：《"民间"、"民间社会"和 CIVIL SOCIETY——CIVIL SOCIETY 概念再检讨》，《云南大学学报》（社会科学版）2003 年第 1 期。

58. 刘培峰等：《社会组织基本法的立法思路》，《中国非营利评论》2013 年第 2 期。

59. 刘鹏：《从分类控制走向嵌入型监管：地方政府社会组织管理政策创新》，《中国人民大学学报》2011 年第 5 期。

60. 陆明远：《公益与效率：中国社会组织发展的公共性研究》，《中国行政管理学会 2008 年哲学年会论文集》，2008。

61. 吕方：《再造乡土团结：农村社会组织发展与"新公共性"》，《南开学报》（哲学社会科学版）2013 年第 3 期。

62. 马庆钰、井峰岩：《论社会组织多维性规范管理体系的构建》，《国家行政学院学报》2014 年第 3 期。

63. 马庆钰、廖鸿：《中国社会组织发展战略》，社会科学文献出版社，2015。

64. 潘修华：《当代中国社会组织"公共性"不强的原因及改变对策》，《理论与改革》2008 年第 4 期。

65. 彭勃：《中国民间组织管理模式转型——法团主义的视角》，《武汉大学学报》（哲学社会科学版）2009 年第 3 期。

66. 〔美〕韦克斯勒（R. Wexler）等：《非政府组织倡导在中国的现状》，中国发展简报网，http://www.chinadevelopmentbrief.org.cn/news-13230.html，最后访问日期：2017 年 6 月 21 日。

67. 任剑涛：《公共的政治哲学》，商务印书馆，2016。

68. 沈原、孙五三：《"制度的形同质异"与社会团体的发育》，载中国青少年基金会、基金会发展研究委员会编《处于十字路口的中国社团》，天津人民出版社，2001。

69. 孙立平：《改革前后中国大陆国家、民间统治精英及民众间互动关系的演变》，《中国社会科学季刊》（香港）1994 年第 1 期。

70. 孙立平：《转型与断裂——改革以来中国社会结构的变迁》，清华大学出版社，2005。

71. 孙立平等：《改革以来中国社会结构的变迁》，《中国社会科学》1994 年
第 2 期。

72. 田凯：《组织外形化：非协调约束下的组织运作——一个研究中国慈善
组织与政府关系的理论框架》，《社会学研究》2004 年第 4 期。

73. 陶传进：《控制与支持：国家与社会间的两种独立关系研究——中国农
村社会里的情形》，《管理世界》2008 年第 2 期。

74. 田毅鹏：《东亚"新公共性"的构建及其限制——以中日两国为中心》，
《吉林大学社会科学学报》2005 年第 6 期。

75. 田毅鹏：《"活私开公"：东亚志愿主义发展的新路径》，《南开学报》
（哲学社会科学版）2013 年第 3 期。

76. 夏循祥：《社会组织中公共性的转型——以广东省坑尾村家族组织为
例》，《思想战线》2014 年第 6 期。

77. 徐家良：《政府购买社会组织公共服务制度化建设若干问题研究》，《国
家行政学院学报》2016 年第 1 期。

78. 汪锦军：《政府与非政府组织：公共性之比较》，《浙江学刊》2004 年第
6 期。

79. 王劲颖：《引导社会力量参与社会治理》，《党政论坛》2015 年第 6 期。

80. 王名、董文琪：《社会组织财税政策初探》，《税务研究》2010 年第
5 期。

81. 王名、孙伟林：《社会组织管理体制：内在逻辑与发展趋势》，《中国行
政管理》2011 年第 7 期。

82. 王铭铭：《村落视野中的文化与权力——闽台三村五论》，三联书店，1997。

83. 燕继荣：《从"行政主导"到"有限政府"——中国政府改革的方向与
路径》，《学海》2011 年第 3 期。

84. 杨团：《美国非营利组织管理》，《中国民政》1999 年第 10 期。

85. 郁建兴、吴宇：《中国民间组织的兴起与国家——社会关系理论的转
型》，《人文杂志》2003 年第 4 期。

86. 于水、杨华锋：《公共性视角下我国非营利组织行为异化问题研究》，

《江汉论坛》2008 年第 12 期。

87. 岳经纶、谢菲：《政府向社会组织购买社会服务研究》，《广东社会科学》2013 年第 6 期。

88. 张江华：《卡里斯玛、公共性与中国社会——有关"差序格局"的再思考》，《社会》2010 年第 5 期。

89. 张静：《法团主义》，中国社会科学出版社，2005。

90. 张静：《政治社会学及其主要研究方向》，《社会学研究》1998 年第 3 期。

91. 张紧跟：《从结构论争到行动分析：海外中国 NGO 研究述评》，《社会》2012 年第 3 期。

92. 张紧跟、庄文嘉：《非正式政治：一个草根 NGO 的行动策略——以广州业主委员会联谊会筹备委员会为例》，《社会学研究》2008 年第 2 期。

93. 张康之：《论参与治理、社会自治与合作治理》，《行政论坛》2008 年第 6 期。

94. 张康之：《行政伦理的观念与视野》，中国人民大学出版社，2008。

95. 张康之：《走向合作治理的历史进程》，《湖南社会科学》2006 年第 4 期。

96. 张贤明：《论政治责任》，吉林大学出版社，2000。

97. 赵汉平：《西方经济思想库》第 3 卷，经济科学出版社，1997。

98. 赵秀梅：《基层治理中的国家—社会关系——对一个参与社区公共服务的 NGO 的考察》，《开放时代》2008 年第 4 期。

99. 郑杭生：《社会和谐与公共性》，《中国特色社会主义研究》2005 年第 1 期。

100. 郑南：《东北草根组织的发展与地域社会建设——以日本"新公共性理论"为参照》，《学习与探索》2015 年第 9 期。

101. 郑卫东：《"国家与社会"框架下的中国乡村研究综述》，《中国农村观察》2005 年第 2 期。

102. 竺乾威：《有限政府与分权管理——美国公共管理模式探析》，《上海师范大学学报》（哲学社会科学版）2013 年第 5 期。

103. 邹谠：《二十世纪中国政治——从宏观历史与微观行动的角度看》，牛津大学出版社, 1994。

二 英文类

1. Anagnost, A. ,"The Corporeal Politics of Quality (Suzhi) ," *Public Culture*, 16 (2) (2004) .

2. Chan, K. ,"Commentary on Hsu: Graduated Control and NGO Responses: Civil Society as Institutional Logic," *Journal of Civil Society*, 6 (3) (2010) .

3. Cho, S. & D. F. Gillespie, "A Conceptual Exploring the Dynamics of Government-Nonprofit Service Delivery," *Nonprofit and Voluntary Sector Quarterly*, 35 (3) (2006) .

4. Dickson, B. J. ,"Co-optation and Corporatism in China: The Logic of Party Adaptation," *Political Science Quarterly*, 115 (4) (2000 – 2001) .

5. Ding, Y. ,"Corporatism and Civil Society in China: An Overview of the Debate in Recent Years," *China Information*, 12 (4) (1998) .

6. Foster, K. W. ,"Associations in the Embrace of an Authoritarian State: State Domination of Society?" *Studies in Comparative International Development*, 35 (4) (2001): .

7. Foster, K. W. , "Embedded within State Agencies: Business Associations in Yantai," *The China Journal*, 47 (1) (2002) .

8. Frolic, B. M. ,"State-Led Civil Society," in T. Brook and B. T. Frolic, eds. , *Civil Society in China*, M. E. Sharpe, 1997.

9. Gilbert, N. and B. Gilbert, *The Enabling State*, Oxford University Press, 1989.

10. Gold, T. B. ,"The Resurgence of Civil Society in China," *Journal of Democracy*, 1 (1) (1990) .

11. IIall, R. H. & P. S. Tolbert, *Organizations: Structure, Process and Outcomes*, Jersey Prentice Hall, 1991.

12. Hannan, M. T. ,"Age Dependence in the Mortality of National Labor Unions: Comparisons of Parametric Models," *Journal of Mathematical Sociology*, 14 (1) (1988) .

13. Hansmann, H. B., "The Role of Nonprofit Enterprise," *The Yale Law Journal*, 89 (5) (1980).

14. He, B., *The Democratic Implications of Civil Society in China*, St. Martin's Press, 1997.

15. Ho, P. & R. L. Edmonds, *China's Embedded Activism*, *Opportunities and Constraints of a Social Movement*, Routledge, 2008.

16. Hsu, C., "Beyond Civil Society: An Organizational Perspective on State-NGO Relations in the People's Republic of China," *Journal of Civil Society*, 6 (3) (2010).

17. Hsu, C., "'Rehabilitating charity' in China: The case of Project Hope and the Rise of Non-Profit Organizations," *Journal of Civil Society*, 4 (2) 2008.

18. Kennedy, S., *The Business of Lobbying in China*, Harvard University Press, 2005.

19. Li, Z. & A. Ong, *Privatizing China: Socialism from Afar*, Cornell University Press, 2008.

20. Lynd, R. S., "Planned Social Solidarity in the Soviet Union", *The American Journal of Sociology*, 51 (3) (1945).

21. Ma, Q., "Defining Chinese Nongovernmental Organizations," *International Journal of Voluntary and Nonprofit Organizations*, 13 (2) (2002).

22. McKeever, B. S., *The Nonprofit Sector in Brief 2015: Public Charities, Giving, and Volunteering*, Urban Institute, http://www.urban.org/sites/default/files/alfresco/publication-pdfs/2000497-The-Nonprofit-Sector-in-Brief-2015-Public-Charities-Giving-and-Volunteering.pdf, October 2015.

23. Mertha, A. C., *China's Water Warriors: Citizen Action and Policy Change*, Cornell University Press, 2008.

24. Migdal, J., *State in Society: Studying How States and Societies Transform and Constitute One Another*, Cambridge University Press, 2001.

25. Migdal, J., A. kohli & V. Shue, *State Power and Social Forces: Domination and Transformation in the Third World*, Cambridge University Press, 1997.

26. Pearson, M. M., "The Janus Face of Business Associations in China: Socialist

Corporatism in Foreign Enterprises," *The Australian Journal of Chinese Affairs*, 31 (1994).

27. Rankin, M. B. , "Some Observations on a Chinese Public Sphere," *Modern China* , 19 (2) (1993).

28. Ru, J. , *Environmental NGOs in China: The Interplay of State Controls, Agency Interests and NGO Strategies*, A Dissertation for the Degree of Doctor of Philosophy, Stanford University, 2004.

29. Saich, T. , "Negotiating the State: The Development of Social Organizations in China," *The China Quarterly*, 161 (1) (2000).

30. Saich, T. , "The Search for Civil Society and Democracy in China," *Current History*, 93 (584) (1994).

31. Saidel, J. R. , "Resource Interdependence: The Relationship Between State Agencies and Nonprofit Organizations," *Public Administration Review*, 51 (6) (1991).

32. Salamon, L. M. , *Partners in Public Service: Government-nonprofit Relations in the Modern Welfare State*, Johns Hopkins University Press, 1995.

33. Salamon, L. M. , "Rethinking Public Management: Third-Party Government and the Changing Forms of Government Action," *Public Policy*, 29 (3) (1981).

34. Salamon, L. M. , "The Rise of the Nonprofit Sector," *Foreign Affairs*, 73 (4) (1994).

35. Schmitter, P. C. , "Still the Century of Corporatism?" in F. B. Pike and T. Stritch, eds. , *The New Corporatism: Social-Political Structures in the Iberian World*, University of Notre Dame Press, 1974.

36. Tang, T. , "Revolution, Reintegration, and Crisis in Communist China: A Framework for Analysis," in Ho Ping-ti & Tsou Tang, eds. , *China in Crisis*, V. 1 Book 1, University of Chicago Press, 1967.

37. Unger, J. & A. Chan, "China, Corporatism, and the East Asian model," *The Australian Journal of Chinese Affairs*, 33 (1995).

38. Wakeman, F. , "The Civil Society and Public Sphere Debate: Western Reflections on Chinese Political Culture," *Modern China*, 19 (2) (1993) .

39. Wang, S. & J. He, "Associational Revolution in China: Mapping the Landscapes," *Korea Observer*, 35 (3) (2004) .

40. White, G. , J. A. Howell & X. Shang, *In Search of Civil Society: Market Reform and Social Change in Contemporary China*, Clarendon Press, 1996.

41. Wood, G. , "States without Citizens: The Problem of the Franchise State," in D. Hulme & M. Edwards, eds. , *NGOs, States, and Donors: Too Close for Comfort?*, Saint Martin's Press, 1997.

后 记

　　本书是在国家社会科学基金青年项目"社会组织公共性生长中的政府角色研究"（项目批准号：13CSH051）的最终研究成果的基础之上修改、补充和整理完成的。笔者从事这项研究，最初的想法源于2010年笔者刚博士毕业进入中共上海市委党校社会学教研部工作之后马西恒教授所组织的一次调研活动。这次调研活动的对象是上海市一个街道的社区"睦邻点"，通过调研笔者了解到，该街道社区"睦邻点"的生成其实根源于社区居民排遣寂寞、精神交流、自娱自乐等"私"的方面的自发需求，但是这些社区"睦邻点"在生成之后却产生了广泛的参与社区公共事务的"公"的精神，比如为社区环境卫生群策群力、为社区矛盾化解贡献力量、为社区公共秩序出谋划策、为社区老弱病残送去关怀等。那么，基于"私"的需求而生成的社区"睦邻点"，缘何会产生广泛的"公"的精神？通过调研笔者了解到，其中非常重要的因素就是街道基层政府"活私开公"式的权力介入，这种权力介入不仅促进了社区"睦邻点"数量的迅速增长，同时也激发了广泛的"公"的精神。社区"睦邻点"是社区中的居民邻里组织，尽管它们没有在民政部门正式登记注册，但从学术研究的角度来看可以归类为草根社会组织的范畴。因此，这次调研之后，笔者开始思考社会组织公共性生长中的政府角色问题，并针对这个问题陆续开展了多次实地调研，发表了一些相关的学术文章。

　　2013年，笔者在前期思考和研究的基础之上，以"社会组织公共性生长中的政府角色研究"为题申报了国家社会科学基金青年自选项目，并有幸通过了评审，从而得以在国家社会科学基金的资助下比较全面、系统而深入地研究该问题。本项研究历时近三年，其间在《复旦学报》（社会科学版）、《上海行政学院学报》、《学习与实践》、《社会科学报》、《学习时报》上发表了6篇作为该项目研究成果的文章，包括4篇CSSCI期刊文章（在《学习与实践》上发表了2篇文章）和2篇报纸文章，其中1篇文章被中国人民大学复印资料《公共行政》全文转载，最终的研究成果为10多万字的课题研究报告。本书正是在最终的课题研究报告的基础之上修改、补充和整理完成的。作为著作而言，本书篇幅并不大，很多内容还没有来得及进行更为细化的研究和更为充分的展开，但近些年来笔者的所思所想在本书中自我感觉已经得到了比较足够的呈现，故在一种急切成书的愿望驱动下，决定早一点拿出来予以出版。本书具有一定的理论开拓性质。当初在申报国家社会科学基金项目的时候，就曾野心勃勃地试图通过该项目研究在中国社会组织研究领域中开拓出一个新的理论空间。但是，正所谓心有余而力不足，囿于笔者研究积累的薄弱和研究功力的不足，本书尽管在中国公共性结构形态的历史演变、社会组织公共性的理论内涵与生长逻辑、政府权力与社会组织公共性生长之间关系等方面提炼出了一些创新性的观点，但还明显只能算是浅尝辄止，论证未能达到充分的程度，所提炼出来的一些观点也未必都能经得起推敲，只能算是一种初步性的研究。但愿学界同仁乐意指正、批评拙见、不吝赐教。

本书在研究过程中得到了中共上海市委党校和社会学教研部的领导、同事的大力支持和帮助，没有他们的支持和帮助，本书的研究是难以完成的，在此对他们表示诚挚的敬意和衷心的感谢。社会学教研部的社会组织教研团队马西恒教授、周耀红研究员、马立副教授对本书的研究在调研进入和观点提炼方面给予了很多具体的帮助和指导，在此特别记上一笔，以示感谢。此外，本书作为国家社会科学基金项目的研究成果，在课题申报、课题开题和成果评审等环节，很多专家给予了帮助和指导，他们提出的很多具有针对性和很高专业素养的意见、建议，对于本书的写作、修改和质量的提升颇有帮助，特致谢忱！

唐文玉

2017年7月于上海

图书在版编目（CIP）数据

社会组织公共性与政府角色／唐文玉著. -- 北京：
社会科学文献出版社,2017.8
ISBN 978 - 7 - 5201 - 1170 - 6

Ⅰ.①社… Ⅱ.①唐… Ⅲ.①社会团体 - 行政管理 -
研究 - 中国 Ⅳ.①C232

中国版本图书馆 CIP 数据核字（2017）第 182043 号

社会组织公共性与政府角色

著　　者／唐文玉

出 版 人／谢寿光
项目统筹／曹义恒
责任编辑／曹义恒

出　　版／社会科学文献出版社·社会政法分社(010)59367156
　　　　　　地址：北京市北三环中路甲 29 号院华龙大厦　邮编：100029
　　　　　　网址：www. ssap. com. cn
发　　行／市场营销中心（010）59367081　59367018
印　　装／北京季蜂印刷有限公司

规　　格／开 本：787mm × 1092mm　1/16
　　　　　　印 张：10.5　字 数：181 千字
版　　次／2017 年 8 月第 1 版　2017 年 8 月第 1 次印刷
书　　号／ISBN 978 - 7 - 5201 - 1170 - 6
定　　价／59.00 元